W0073177

FVA

Bodo Kirchhoff in der Frankfurter Verlagsanstalt

Die Romane:
INFANTA
PARLANDO
SCHUNDROMAN
WO DAS MEER BEGINNT
DIE KLEINE GARBO
EROS UND ASCHE
DIE LIEBE IN GROBEN ZÜGEN
VERLANGEN UND MELANCHOLIE

Die Novellen:
OHNE EIFER, OHNE ZORN
GEGEN DIE LAUFRICHTUNG
MEXIKANISCHE NOVELLE
DIE WEIHNACHTSFRAU
DER PRINZIPAL
WIDERFAHRNIS – Deutscher Buchpreis 2016

Die Erzählungen:
MEIN LETZTER FILM
DER SOMMER NACH DEM JAHRHUNDERTSOMMER
BETREFF: EINLADUNG ZU EINER KREUZFAHRT

Die Essays:
LEGENDEN UM DEN EIGENEN KÖRPER

für Joachim, den Freund und Verleger

*Einmal dem Fehlläuten der Nachtglocke gefolgt –
es ist niemals gutzumachen.*

Franz Kafka, *Ein Landarzt*

Sehr geehrte Frau Faber-Eschenbach! Haben Sie Dank für die Einladung zu einer zweiwöchigen Kreuzfahrt durch die Karibik in einer Außenkabine mit Balkon bei freier Verpflegung sowie freien Getränken an jeder Bar unter der Bedingung mehrerer Lesungen aus meinem Werk, jeweils zur Prime Time, wie es in Ihrem Schreiben heißt, das Ganze auch gültig für eine Begleitperson einschließlich des Fluges nach Havanna auf Kosten der Reederei Arkadia Line – was kann ein Mensch dazu anderes sagen als ja? Und doch erlaube ich mir einige Gedanken vor einer Zusage, die, wie Sie betonen, möglichst umgehend erfolgen soll, obgleich die Reise erst für die Zeit um die Jahreswende eingeplant ist und wir uns noch kaum im März befinden.

Ihr Angebot traf am frühen Nachmittag ein, und auch wenn elektronische Post keine Zeiten kennt, keine innere Uhr, kennt sie doch der, der so ein Schreiben mittags versendet – er kann davon ausgehen, dass sich der Empfänger auf einem Tagestiefpunkt befindet, fast von allein bereit, die Einladung zu einer Kreuzfahrt als Glücksfall zu sehen. Nun kam ich aber jetzt erst, am Abend, dazu, die Nachricht zu öffnen, zurückgekehrt von einer Fernsehgesprächsrunde zum Thema Sprache und Sexualität, der Frage, wohin es führt, wenn es mit unserer Sprache immer noch weiter abwärtsgeht, unter die Gürtellinie, und ich darf sagen, dass danach mein Tagestiefpunkt Nummer zwei erreicht war. In diesem Zustand las ich nach einem Schluck Whisky die eine von Ihnen unterzeichnete Seite, noch nicht den Anhang von achtzehn Seiten; so weit, so gut. Allerdings legt die Eile, zu der Sie mich anhalten, eine Vermutung nahe: Ob Sie wohl unter Druck stehen, etwa diese und jene unerwartete Absage erhalten haben, weil die Angefragten doch ein häusliches Weihnachten und Silvester vorziehen, oder bin genau ich es, den die Reederei auf dem Schiff haben will, natürlich auf Ihre Empfehlung hin, weil man in Chefetagen nur Bilanzen liest? Gehen wir einmal davon aus. Und das heißt, Sie allein versprechen sich von Lesungen aus einem Werk, mit dem Sie offenbar vertraut sind, für die Passagiere etwas, das ihnen die Karibik, sagen wir, wenigstens nicht verdirbt. Daraus aber ergibt sich die zweite Frage: Ob ich bei der Auswahl der zu lesenden Stellen freie Hand hätte oder mich mit Ihnen und etwa auch Vertretern der Reederei abstimmen müsste; Letzteres erschiene mir im Grundsatz falsch, wäre aber noch kein Hindernis für ein Ja. Grundsätze, ich darf das hier anmerken, soll man sich für Wichtiges aufheben, im Hinblick auf Kreuzfahrten genügt die

Nächstenliebe, ohnedies unerlässlich, zieht man in Betracht, dass auf dem genannten Schiff, der Arkadia II, fünftausend Passagiere befördert werden, wie aus Ihrer Website hervorgeht, plus zweitausend Frauen und Männer der Besatzung (darunter womöglich auch Leser), mit anderen Worten, eine für den Schriftsteller doch ungewohnte Menge an Menschen, mit der das Reiseerlebnis zu teilen wäre, womit ich auf die im Anschreiben umrissene Route der Kreuzfahrt komme.

In Havanna soll demnach der Start sein, dort also, wo heute nur noch die verblassten Zeichen der Revolution an den Hauswänden für ein touristisches Publikum aufgefrischt werden, ein Start in den Tagen vor Weihnachten, und dann geht es, vielleicht im Gedenken an Kleist, über Santo Domingo nach Jamaika, in die Bucht von Negril, um dort am langen Sandstrand zu baden und einen Christbaum zu entzünden, ehe die Fahrt, an Jamaika vorbei, zu den Kleinen Antillen führt, wo das neue Jahr vor St. Lucia begrüßt wird. Und die Rückfahrt schließlich über die Virgin und die Cayman Islands wieder nach Havanna. Schaut man sich nun diese Route im Ganzen an, kommt man nicht umhin zu fragen, wo denn da eine Lücke wäre für die Auftritte des Schriftstellers vor einem Publikum, das in dieser Stunde nichts Besseres zu tun hätte, als seinen langen Sätzen zu folgen und die schöne äußere Reise gegen eine düstere innere zu tauschen. Und auch wenn die von Ihnen erwähnte Prime Time in der Karibik längst in die abendliche Dunkelheit fällt, es also auf Deck nichts mehr zu sehen gäbe, außer in klaren Nächten die Sterne, blieben doch noch all die Angebote im Inneren des Schiffes, von der Schlagershow über ein Musical bis zu den Künsten eines Bauchredners, und das bringt mich auf eine Bezeichnung meiner Person, die sich bereits Ihrem Anschreiben entnehmen lässt. Die Reederei würde sich freuen, Sie als Gastkünstler an Bord begrüßen zu dürfen!, heißt es da mit forschem Ausrufezeichen, und man darf wohl annehmen, dass auch der Bauchredner, der abends mit seiner Puppe vor die Leute tritt, in der Weise begrüßt wird und sich als Künstler sieht, während ich sogar am Schriftstellersein zweifle und die damit verbundene Arbeit auf keinen Fall als eine künstlerische sehen würde, mich auch nie künstlerisch gebe, wie sich etwa Ärzte gern ärztlich geben und Juristen juristisch und der Sportler bei jeder Gelegenheit sportlich. Nein, ich erzähle nur vom Leben in all seiner Unhaltbarkeit, aber auch von tröstlichen Ankern wie der Ehe, dem Auto oder einem Haustier, und in den Lesungen ginge es stets um beides, eben auch um das Düstere in der Welt, selbst unter dem Himmel der Karibik – der meines Erachtens nicht zwingend in den Bereich der Tröstungen fällt. Und daher noch einmal die Frage, weshalb Sie gerade mir, dem ja nachgesagt wird, in den menschlichen Abgründen zu stochern, diese Einladung zuschicken. Offenbar setzt die Reederei größtes Vertrauen in Sie, was die Engagements für die abendliche Bordunterhaltung betrifft, und Sie vertrauen ganz und gar der Werbeabteilung meines Verlags: dass ich wie kaum ein Zweiter von der Liebe erzählen könnte, wobei die jungen Damen dort gern verschweigen, dass mir mehr das Scheitern der Liebe am Herzen liegt als ihr Gelingen und ich ja eigentlich im Abgrund zu Hause bin, auf der Suche nach einer Sprache dafür, und nicht auf Gipfeln des Glücks, wo es keiner Sprache bedarf. Oder hätte man mich sonst in eine Sendung über Sprache und Sexualität geholt? Und bevor Sie diese Sendung morgen Abend unter Umständen sehen (22:05 Uhr, Kulturkanal): Ich erwiderte auf die Eingangsfrage von Frau Schmollmündchenmoderatorin, wie ich das einschlägige weibliche Organ zu vorgerückter Stunde unter Freunden nennen würde, wörtlich: Auf keinen Fall einschlägig und auch nicht Organ, dann lieber meinetwegen, und ich beugte mich zu ihr, Kuckucksuhr, was ich hier nur erwähne, weil die Sender so etwas gern löschen, klick, und weg, aber weiterhin von Live-Aufzeichnung reden, und das führt zurück zu unserer Sache, der nächsten Frage: Wo auf dem riesigen Schiff könnten meine Live-Auftritte denn stattfinden? Theater- oder Ballsaal dürfte dafür kaum in Betracht kommen, blieben nur die Salons und ein etwaiger Leseraum, der auch die Bordbibliothek beherbergt, so es eine gibt. Dort ließen sich wohl Stühle aufstellen für die circa vierzig Interessierten, die im Durchschnitt meine Lesungen an Land besuchen, sagen wir, in einer Stadt wie Gütersloh, meist im Spätherbst, wenn man abends in Gütersloh kaum etwas Besseres tun kann, und ich füge auch gleich hinzu, dass Gütersloh mit seinen Randbezirken um die hunderttausend Seelen zählt – ein hier bewusst gebrauchtes Wort –, während das für die Reise eingeplante Schiff die genannten fünftausend Seelen der Passagiere fasst, siebentausend, zählt man die Besatzung noch mit; und von dem Bevölkerungsbeispiel Gütersloh heruntergerechnet, wäre demnach mit einer Zuhörerschaft von zweieinhalb bis drei Personen zu rechnen, was den Gedanken nahelegt, dass man die Lesung auch in meiner Kabine abhalten könnte. Es sei denn, und in dem Punkt muss ich ganz auf Ihre Aussagen vertrauen, an Bord eines Kreuzfahrtschiffes würden andere Gesetze gelten als an Land: Man wäre dort, sei es aus Langeweile, sei es aus Neugier, viel geneigter, einem Schriftsteller für eine Stunde seine Aufmerksamkeit zu schenken, zumal die Reederei, ich darf das vermuten, schon vorab seinen Namen mit denen anderer Gastkünstler, solchen, die im Volk verankert sind, in eine Reihe gestellt hat, um dadurch überhaupt die Aufmerksamkeit auf ihn zu lenken. Und so müsste ich bei einer Plakatierung damit rechnen, mein Gesicht – ich habe die erste Anhangseite überflogen – zwischen dem einer Marlen Dorée, beworben mit der Zeile *Wind im Haar, Wind im Herzen*, und dem eines jungen Sängers aus dem Ötztal, dem *Ötztal-Peter*, zu finden. Nur wäre auch das noch kein Hindernis für eine Zusage, sind beides doch Leute, von denen der Volksfernere nur profitieren kann; man sähe den Autor mit seinem leicht Bitteren im Gesicht, oft verwechselt mit Hochmut, zwischen zwei Bodenständigen, was auch all denen entgegenkäme, die gern zu sich herunterverkleinern, wozu sie nur ungern aufschauen.

Dieses leicht Bittere, ich sage es gleich, ist bisher von keiner noch so guten Fotografin und schon gar nicht von Männern mit einer Kamera zum Verschwinden gebracht worden. Mal taucht es um den Mund auf, mal in den Augen oder auf der Stirn, und natürlich könnte die optische Nachbarschaft der beiden Schlagergrößen diesen Zug an mir etwas vertuschen, durch eine stärkere Wirkung, wenn Sie nur an das wehende Haar der Dorée denken, ihn überschreiben mit einer Art Palimpsest aus Sympathie, die der Schriftsteller nunmehr abstrahlt und die man ihm, irrtümlich, wieder entgegenbringt, indem man zu seinen Auftritten strömt. Wenn ich also davon ausgehe, dass der Besuch meiner Lesungen auf See alle an Land gemachten Erfahrungen in den Schatten stellt, sozusagen die Güterslohgrenze sprengt, könnte ich sogar verstehen, dass eine Abstimmung der zu lesenden Passagen erforderlich wäre, weil ja in einem nur durch die Umstände mir gleichsam zugetriebenen Publikum, das aber die Sprache des Schriftstellers nicht gewohnt ist und sie nun ertragen muss, mehr als der eine oder andere Empfindliche sitzen könnte und eventuell durch das Gehörte Schaden nimmt, ohnehin schon dünnhäutig nach dem Tag in karibischer Sonne, empfänglicher für alles brennend Menschliche, das Liebessehnen, die Grausamkeit, den kriegerischen Eifer, um nur drei unserer Achillesfersen zu nennen, liebe Frau Faber-Eschenbach – die Sie für mich leider nicht mehr als ein Name sind, während Ihnen gewiss das Autorenfoto in meinem jüngsten Roman zur Orientierung gedient hat. Es ist eine eher untypische Aufnahme, entstanden bei einer Lesung in Bad Godesberg, aber von meinem Verleger favorisiert: Ich strahlte dort etwas Zugewandtes aus, wie er sagt, eine Eigenschaft, die mir kaum entspricht, obschon ich mich Leuten, etwa beim Signieren, durchaus zuwende, oft reicht dafür schon eine angenehme Stimme oder ein klangvoller Name – Faber-Eschenbach, wie komponiert, und Ihre Stimme stelle ich mir leicht dunkel vor, passend zu dunklem Haar mit jenem Silberhauch, wie er erwachsenen Frauen, wenn sie schlank sind, immer zu Gesicht steht. Dieses Autorenfoto zeigt im Übrigen nicht, wie sehr der Abgebildete auf seine Ernährung achtet, das heißt, ich würde von dem Angebot, dass alle Speisen auf dem Schiff und auch die Getränke zu den Mahlzeiten oder an jeder Bar für mich kostenlos wären, gar keinen größeren Gebrauch machen, wie Sie wohl ebenfalls als Begleiterin der Reise – davon kann ich doch ausgehen: dass die durch Ihr Bemühen verpflichteten Künstler auch von Ihnen auf der Kreuzfahrt betreut werden, oder regeln Sie alles vom Sitz der Reederei aus? Ich frage das nur, weil es die Wahl der Begleitperson beeinflussen könnte. Bis vor zwei Jahren wäre das noch meine Mutter gewesen, dann leider verstorben, und bis vor fünf Jahren meine Frau, dann leider eigene Wege gegangen. Ich bin also ungebunden und kann über die Frage der Begleitperson in größtmöglicher Freiheit nachdenken, was die Sache nicht einfacher macht – gut, ich könnte allein verreisen, mit mir selbst als Begleitung, ganz nach Schriftstellerart, aber ebenso gut könnte ich eine meiner Verehrerinnen bitten, mich zu begleiten, Frauen, die gegen derartige Angebote in keiner Weise gefeit sind; und denkbar wären auch, um jedes unnötige Gefühl zu vermeiden, die Dienste eines Escortservice, vielleicht sogar mit Rabatt, wenn eine Gratisreise winkt. Mit anderen Worten: Ich sehe da momentan keine Lösung, es gibt zu viele Möglichkeiten, und die ideale scheidet nun einmal aus, auch wenn sie mir durch den Kopf geht – kürzlich sah ich einen Film, der auf einem Passagierdampfer spielt, noch mit elegantesten Menschen auf jedem Sonnendeck, und aus einem der Liegestühle schien meine Mutter zu winken, womit ich nur sagen will, dass der Schriftsteller in einer eigenen Welt lebt. Und bei der Frage, wen er in diese Welt mit aufnimmt, ist das Eilige der Entscheidung, das Sie in Ihrem Schreiben betonen, besonders störend, auch wenn mir Ihr vollständiger Name, Susanne Faber-Eschenbach, das Gefühl eines Spielraumes gibt, als könnten wir uns, etwa telefonisch, auch in ein paar Tagen noch über Details verständigen, schwingt doch in Susanne das Weibliche im doppelten S und doppelten N neben dem Männlichen der Vokale. Und auch Ihre zwei Familiennamen verbinden beide Geschlechter, das handwerkliche Faber und das eher treuherzige Eschenbach – was zu der Frage führt, ob Sie etwa in irgendeiner Linie zu der großen Marie von Ebner-Eschenbach stehen, unsterblich geworden mit ihrer Hundegeschichte *Krambambuli*? Ich frage das auch, weil ich aus meiner Ehe, neben den Erinnerungen, eine kleine, inzwischen schon recht schwerhörige Hündin behalten habe, einst als Welpe aus dem Tierheim geholt, zweifellos anstelle eines Kindes, ein Lebewesen, das mich in jedem Fall begleiten müsste, auch wenn Tiere an Bord nicht gestattet wären, aber über den Punkt könnte man sich mit der Reederei wohl einigen, während die Auswahl der Lesestellen mit Sicherheit zu Meinungsverschiedenheiten führen wird. Ich bevorzuge Stellen, die vor den Kopf stoßen, wenngleich unsere Schlaubergermoderatorin bei der Aufzeichnung vorhin erklärte, meine Romane, wie gehoben sie auch seien, zielten doch immer wieder auf den Unterleib. Jedes Ihrer Bücher ist irgendwie sexuell, sagte sie, daraufhin ich: Nicht irgendwie. Irgendwie will man mir nur immer an diesen Karren fahren – meine Bücher *sind* sexuell, nämlich geschrieben von einem Mann! Und sie, mit erhobenem Finger: Aber warum sollte eine Frau das dann lesen, um sich verführen zu lassen? Danke, nein! Applaus aus dem Publikum, mir blieb nur ein Griff an den Kopf. Und falls Sie die Sendung morgen sehen: Normalerweise mache ich keine Handbewegungen vor der Stirn, auch wenn es gerade, beim Überfliegen einer weiteren Anhangseite, wieder passiert ist.

Was Kreuzfahrtunternehmen nicht alles wissen wollen, ehe der Schriftsteller eins ihrer Schiffe betreten darf, um die Passagiere auf der Reise zu unterhalten – also gut, ja, das heißt nein: Die Sportangebote an Bord üben keinerlei Reiz auf mich aus, ich würde nicht zu jenen zählen, die schon morgens auf dem Freideck bemüht sind, die Biegsamkeit ihrer Gliedmaßen für den Rest des Tages sicherzustellen. Und, bitte sehr, ja: Was ich an Bord lesen werde, ist auch unterhaltsam, für manche bestimmt. Und nein, ich habe nicht vor, meinen Status auszunutzen, weder im Hinblick auf alleinreisende Damen, noch auf irgendein Zimmermädchen, dem es, nebenbei gesagt, wohl lieber wäre, ich würde Bücher im großen Stil vertreiben, ein Großhändler sein, anstatt der, der sie schreibt. Und ja, ich bin bereit, alle Lesestellen offenzulegen und auch gegebenenfalls vom einen oder anderen Satz Abstand zu nehmen, allerdings nur im Einvernehmen mit Ihnen, Frau Faber-Eschenbach, und am besten telefonisch, sobald Sie mein Antwortschreiben in der Frische eines hanseatischen Vormittages gelesen haben, falls ich es heute Abend noch absenden kann, das heißt auch alle Anhangseiten in die Überlegungen einbeziehen konnte. Zum Glück ist ja der Abend noch lang und die Flasche mit dem Whisky noch voll, ein schottischer Redbreast, aber es stehen auch irische und amerikanische Sorten auf meinem Bartisch – kein Abend ohne das milde Glimmen im Mund, wenn die Welt entrückt oder auf Zunge und Gaumen passt, und ich nehme doch an, dass Ihr Schiff mehr als nur eine besondere Flasche auf Lager hat, weil eine Lesung vor Verirrten, und das vielleicht bei Seegang ohne Whisky in Reichweite, über meine

Kräfte ginge, und in dem Sinne greife ich erst einmal wieder zum Glas – woraus sich hier ein natürlicher erster Absatz ergibt.

Ich bin kein Freund von Absätzen, wie Sie bestimmt schon gemerkt haben, meine Seiten sind Festungen. Absätze haben ja immer etwas von einem Fingerzeig – bitte, hier kannst du das Buch zur Seite legen, weil sich auch der Autor offenbar eine kleine Pause gegönnt hat. Aber solche Bequemlichkeiten vertragen sich nicht mit meinen Büchern; folglich würde ich ohne größere Atempausen daraus vorlesen, um das gleich zu sagen, und das Kreuzfahrtpublikum müsste dem entweder bedingungslos folgen, wie den Anordnungen der Besatzung in einem Notfall, oder mit dem Betrachten der Person am Lesetisch vorliebnehmen. Hier aber erscheint mir der Absatz sogar geboten, weil er meine Eindrücke aufgrund des allein von Ihnen unterzeichneten Angebots deutlich abgrenzt von dem, was aus den Anhangseiten schon nach dem ersten raschen Lesen hervorgegangen ist. Fangen wir bei den Zeilen unter dem Stichwort Stammdatenerfassung an: Sie werden in der Buchhaltung als Lieferant angelegt, heißt es da, ein Vorgang, der bis zu zwölf Wochen dauern kann. Und: Bitte beachten Sie, dass Sie in der Zeit einen Anruf aus Miami erhalten. Dort befindet sich der Sitz von Diamond Cruises, unserer Muttergesellschaft, und die Hauptbuchhaltung. Die Kollegen werden telefonisch die letzten Ziffern Ihrer Bankdaten abgleichen, Zitat Ende. Das war gewissermaßen die Ouvertüre zu den folgenden Seiten, und auch wenn mir bewusst ist, dass sich Buchhalter einer anderen Sprache bedienen als Schriftsteller, ist doch der Ausdruck Lieferant recht überraschend, weil ja auch die Kartoffeln an Bord oder der Biervorrat von Lieferanten kommen; außerdem wäre zu fragen, weshalb dieser Vorgang bis zu zwölf Wochen dauern soll. Nur liegt die Antwort wohl in jeder Hinsicht in Miami, wobei der Name Ihres Mutterunternehmens, Diamond Cruises, noch ein zusätzlich schillerndes, man könnte fast sagen: flamingofarbenes Licht auf diese von Nichtstuern und Ganoven bevorzugte Stadt wirft (erinnert sei hier nur an die Romane von Charles Willeford). Und dass sich nun Ihre Buchhaltung ausgerechnet dort befindet und ich in den nächsten zwölf Wochen jederzeit mit dem Anruf aus Miami rechnen muss, um dann alle Bankdaten parat zu haben, macht die Dinge für mich keineswegs einfacher. Verstehen Sie das bitte nicht falsch, halten Sie mich nicht für engstirnig oder zu wenig weltgewandt, aber ein Anruf aus dem schönen Hamburg, etwa einem Büro an der Elbchaussee, wäre mir bei weitem sympathischer, auch weil es in dem Fall keinerlei Zeitverschiebung gäbe, während mich ein Anruf aus Miami womöglich mitten in der Nacht erreicht. Und doch bereitet mir dieser Passus eine eher kleine Sorge, verglichen mit dem, was noch aus dem Begleitschreiben zu den Anhangseiten hervorgeht. Denn demzufolge wäre ich gar nicht der einzige Schriftsteller oder Sprachlieferant auf der vorgesehenen Route, wenn die am Ende gar als Lockmittel für mich dort angeführten zwei weiteren Lieferanten auch zur Prime Time Kostproben aus ihren Werken lieferten, wobei ich zugebe, von beiden nur die Stellen zu kennen, die ihre Verlage zu Werbezwecken auf große Plakate drucken lassen; geht man aber davon aus, dass es sich dabei um die herausragendsten Stellen handelt, gelesen von Bahnreisenden, wenn sie auf den Zug warten, kann der Rest ja nur schlimmer sein. Im Falle von Frau Wolf – Jutta, wenn ich es richtig im Kopf habe – wären das Mord- und Totschlaggeschichten, die in ländlicher Umgebung spielen, mit einem Kommissar, der auch noch meinen Namen trägt, und im Falle des so einnehmenden Herrn Kammlander, Vorname Sven, geradezu anspringend einnehmend auf seinen Plakaten, wäre es das Geschehen an den Rändern unserer Hauptstadt, der Alltag der Tätowierten und träumenden Vorstadtschönheiten. Ich hätte es also mit zwei Leuten zu tun, die sich auf dem Schiff zweifellos als Kollegen ausgeben würden, einem sich bei jeder Gelegenheit den Benachteiligten andienenden Berufssympathen, mit dem ich selbst auf einem Schiff Ihrer Größe nicht das Meer befahren möchte, wegen der Gefahr, ihm doch an Bord zu begegnen und gleich für ein gemeinsames Foto herhalten zu müssen, Wange an Wange, damit wir auch beide im Bild sind – fehlte nur, dass er mich küsst. Und dazu käme mit der Wolf auch eine im Liebesgenre und, schlimmer noch, im Kommentargewerbe pickende Wichtigtuerin, die ich mir in der Karibik nicht einmal vorstellen will in ihrem sicher zweiteiligen Badeanzug, der sie kaum davon abhalten dürfte, Ansichten zu aktuellen Problemen wie der Klimaveränderung zum Besten zu geben, ganz im Gegenteil: Das Meer mit all dem, was nicht hineingehört, wird ihr Anlass zu einem Auftritt gegen die verbreitete Gleichgültigkeit sein, lässt sie doch keine Chance für solche Auftritte aus. Oh, man sieht ja die Jutta Wolf, wie mir ein Nachbar erzählt hat, in jedem Sender, in jeder Runde, sie kann zu allem etwas sagen, zum Problem der Prostitution ebenso wie zur um sich greifenden veganen Ernährung oder zu den Unsitten im Weltfußballverband. Es gibt keine der großen Gegenwartsfragen, zu denen die Wolf nicht etwas beiträgt, sagt mein Nachbar, ein ehemaliger Lehrer, der sein Leben vor dem Fernseher beschließt, und natürlich möchte er auch mich, den namhaften Autor aus dem Nebenhaus, abends als Experten in einer der Runden sehen, am liebsten an der Seite von Frau

Wolf, die es nie versäumt, eins ihrer Bücher in die Höhe zu halten, und jeden eines Besseren belehrt, bis man sich vorstellt, sie schlicht übers Knie zu legen, auf die Gefahr hin, dass sie selbst das noch kommentiert. Und so ging ich heute, nach einer dringenden Anfrage am Vormittag, mit keinem guten Gefühl in dieses Kulturkanalgespräch, ich tat es hauptsächlich, damit der pensionierte Lehrer endlich den Mund hält, und was muss ich beim Abschminken in der Garderobe hören: dass ich für Frau Wolf eingesprungen sei, weil sie noch einer anderen, beliebteren Runde zugesagt hatte und zeitlich durcheinanderkam. Die Wolf ist überall, selbst dort, wo sie nicht ist, und es würde mich kaum wundern, wenn jemand sie auf dieser Kreuzfahrt in klarer Nacht, während sie noch die von harmlosen Astronomen bestimmten Geschlechter der Sternbilder als Beweise männlicher Hybris entlarvt, einfach über Bord stößt – ruckzuck, und schon kann sie den Haien Vorträge halten. Bitte: Nicht dass ich es billigen würde, sie auf diese Art loszuwerden, nur könnte man es verstehen. Und gesagt sein soll damit auch, dass selbst der Kreuzfahrtpassagier im Rahmen seiner Möglichkeiten auf eine wie die Wolf reagiert, statt sich lediglich zu sonnen und auf die Mahlzeiten zu warten, was freilich ebenso für weibliche Passagiere gilt, die vielleicht mich im Anschluss an meine Lesung dem Meer übergeben möchten.

Das Publikum auf einer Kreuzfahrt mit der Karibikroute um die Jahreswende ist jedenfalls, aus meiner Sicht, die große Unbekannte, aus Sicht der Reederei eher das Gegenteil. Man weiß dort, mit wem man es zu tun bekommt, darum wird in den Anhangseiten nur allgemein von Gästen gesprochen, allerdings mit einer adverbialen Bestimmung: Unsere zahlenden Gäste, heißt es da immer wieder, natürlich auch, um den freigehaltenen Sprachlieferanten damit einzuschüchtern, selbst wenn die fünftausend zahlenden Gäste nichts weiter im Sinn haben als Sonne, Meer und Bier in Strömen sowie die abendliche Unterhaltung, den Schriftsteller als Kuriosum eingeschlossen. Und der könnte sich von dem paradoxen Gedanken leiten lassen, dass es im Leben nichts Geheimnisvolleres gibt als den Menschen ohne Tiefe und folglich auf einer Kreuzfahrt wie der Ihren Unmengen geheimnisvoller Leute anzutreffen wären, die dann, wer weiß, sogar zu seinen Lesungen kämen, unter sich nur den Tiefgang des Schiffes. Aber ich fürchte, liebe Frau Faber-Eschenbach (es gibt, offen gesagt, in mir einen Wunsch, nur den weiblichen Teil Ihres Namens zu gebrauchen), dass dieser Gedanke einer fürs Festland ist und auf See an seine Grenzen stößt, auch wenn man im Umkehrschluss sagen könnte, dass eine Person, die so gern Zeichen der Tiefe aussendet wie die Wolf, mit Gewissheit die Geheimnisloseste unter allen Passagieren wäre. Man hört ja von allen Seiten – ich hörte es von dem Nachbarn, der zu viel von mir hält –, dass sie mit einer Frau liiert sei, die gar keine ist, und dieser verwischte Mann würde dann wohl als ihre Begleitung auftreten und der Wolf den Anschein sexueller Lässigkeit geben. Nur muss sie damit rechnen, dass ich dieser falschen Begleiterin, sollten wir uns an Deck begegnen, ein paar Shakespeareworte hinterherrufe, Als Weib wollt die Natur nach ihrem Plan dich schaffen, doch sie verliebte sich in dich und hängte dir was an: Ein Ding, das keinen Wert besitzt für mich! Damit will ich sagen, dass es zwischen mir und der Wolf in Begleitung dieser Person nicht ruhig bliebe, wobei klare Worte, aber auch Handgreiflichkeiten auf einem Schiff Tradition haben und in keinem der großen Romane, die auf See spielen, fehlen. In der Liebe zum Meer liegt ja selbst eine Größe, bei der's auf einen ausgeschlagenen Zahn mehr nicht ankommt. Und so frage ich Sie: Lieben Ihre fünftausend zahlenden Gäste das Meer, wie es ein Odysseus geliebt hat, ein Jules Verne, ein Joseph Conrad? Wohl kaum. Das Meer ist das, was man nicht sieht, heißt es bei einer unerschrockenen Französin, Marguerite Duras, zugrunde gegangen an der Liebe und am Wein. Der Kreuzfahrer aber will sein Meer sehen, er bezahlt für die ozeanische Ambition; all sein Kleines und Gemeines soll in der Weite des Meeres verschwinden, ersetzt durch Glanz und Größe des Schiffes, und das Bangen, weil ihm sein Leben davonläuft, soll die karibische Sonne wegbrennen, auch wenn ein Krebs schon still am Werk ist. Man fährt im Kreis und lebt, hurra, aber muss ich da mit an Bord sein? Glanz und Größe des Schiffes wären mir gleichgültig, ich könnte das Hurra allenfalls flüstern, und der Abstand zu den übrigen Passagieren würde mir nur vor Augen führen, wie tief die Kluft zwischen mir und den meisten Menschen ist. Niemanden macht es ja froh, auf verlorenem Posten zu sein, und erzählen ist heute an sich schon ein verlorener Posten, fernab von Glanz und Größe, von Schnelligkeit und Bilderrausch – auf einem Schiff wie dem Ihrem aus einem Roman vorzulesen, über ein Tischchen mit weißer Decke gebeugt, darauf ein Glas, das Buch und eine Lampe, hätte etwas Erschütterndes, das umso erschütternder wäre, wie die kleine Zuhörerschaft davon nichts bemerkte. Nur auf einem alten, dem Meer weniger überlegenen Schiff könnte das Erzählen noch eine Rolle spielen, zumal es auch heißt, auf alten Schiffen lerne man segeln, die Weisheit, die man einst dem Neffen für seine Wahl einer Frau, die ihn ins Navigieren auf der See des Fleisches einführen soll, mit auf den Weg gegeben hat, und so muss die Frage erlaubt sein, liebe Frau Eschenbach, was man auf Ihrem so neuen Schiff lernt. Am Ende bloß, wie man im Laufe einer zweiwöchigen Kreuzfahrt auf den Geschmack für eine dreiwöchige kommt.

Ich war nur kurz mit meiner Kleinen vor der Haustür, sie hatte schon gescharrt, während ich mir noch Gedanken machte, was man von einer Kreuzfahrt in sein Leben an Land mitnimmt. Tiere sind unschuldig, ich schimpfe auch nicht mit ihr, wenn sie nachts den Teppich vor meinem Schreibtisch für eine Wiese gehalten hat. Außerdem ist sie, wie gesagt, schwerhörig. Sie hört auch kaum noch auf ihren Namen, Romy. Und wie schön ist es, wenn ein Lebewesen, ob Hund oder Mensch, auf seinen Namen reagiert, den Kopf hebt, sich umdreht, lächelt. Es dürfte Ihnen genauso gehen, wenn jemand Ihren Namen ruft. Oder ihn ins Telefon spricht. Oder Sie ihn geschrieben sehen. Susanne. Nur ein paar Buchstaben, und doch eine Welt, größer als das größte Schiff, von dem man nichts mitnimmt. Was ich keinesfalls Ihnen vorwerfe – Sie sind nicht die Reederei, noch weniger die Muttergesellschaft, Sie sind einfach eine Mitarbeiterin, die liest und sich an den gewendet hat, dessen Bücher sie schätzt, was natürlich die Frage aufwirft, ob Sie ebenso schätzen, womit eine Wolf und Herr Kammlander unsere noch übrig gebliebenen Buchhandlungen verstopfen – ich kann nur hoffen, dass beide sich aufgedrängt haben, und Ihr Entgegenkommen eins im Sinne der zahlenden

Gäste war. Wenn die Leute Leichen wollen, enthauptet im Wald, und den Serientäter aus der Nachbarschaft: bitte, da wird man von der Wolf gut bedient. Und Kammlander führt uns hinter die Kulissen der Vorstadt, er kennt die Jugendsprache, die Musik, die Sitten, alles. Während man bei mir nur Bruchstücke einer Sprache der Liebe findet, eine Art Kammerton a der Sehnsucht, dafür heute und morgen so gültig wie gestern – Zeiten, ehe der Ausdruck Mail im menschlichen Geist heimisch wurde. Denn das hier ist eigentlich ein Antwortbrief, geschrieben an einem langen, immer noch währenden Abend, nur eben auch die Erwiderung auf elektronischem Wege, damit sie noch heute bei Ihnen ankommt und Sie der Reederei Bericht erstatten können, ob nun auch der dritte Sprachlieferant angeheuert sei, bereit, vierzehn Tage unter Menschen zu verbringen, die nur der Zeit beim Verstreichen zusehen, während sich der Zeitgenosse in mir selbst unter karibischer Sonne noch fragen würde, in welcher Zeit er denn lebe, wenn all die zahlenden Gäste um ihn herum für das Beschränkte ihres Horizonts noch tüchtig in die Tasche gegriffen haben und die Weite des Himmels beim Sonnenuntergang für die eigene halten. Ja, überhaupt die Sonnenuntergänge auf See: Sie geben dem Kreuzfahrer, so darf man vermuten, nicht etwa das Gefühl, dass neben den Tagen der Reise auch die eigenen Tage gezählt sind,

sondern gar noch das Gefühl des nie Endenden –
kaum ist die Sonne untergegangen, geht es schon
ans Abendessen, und kaum ist das beendet, kommt
die Zerstreuung in den Sälen und Salons, wo ja
auch ich an der Reihe wäre, man mich bestaunte
in meiner Alltagsgarderobe wie die Schlagerleute
in ihrem Glitzerzeug. Mit ihnen plaudert man nach
der Show, während dem Sprachlieferanten selbst an
der Bar noch Fragen gestellt werden, was ihn zum
Schreiben gebracht habe, Berufung? Oder ob er so
arbeite wie Thomas Mann, stur jeden Vormittag,
und was er von Kafka und Harry Potter halte. Und
sind die Fragen beantwortet, geht man in seiner Kabine zu Bett und versichert einander im Dunkeln,
wie schön es doch sei, unter einem Zahntechniker
zu liegen, o Gott, ja, oder auf einer Bankkauffrau,
herrlich, anstatt unter einem Schriftsteller oder auf
dessen strenger Kollegin. Und so schläft man ruhig
ein, als Kreuzfahrtpaar, und Stunden später zeigt
sich wieder die Sonne, und man tritt im Gefühl der
ewigen Wiederkehr an ein Frühstücksbuffet, das
einen Tierpark ernähren könnte, und brennt schon
darauf, bald seinen Platz auf dem Sonnendeck ein-
zunehmen, sich dort zu bräunen, bis man die Knus-
perhaut der Zimmermädchen hat, und hier bietet
sich, wenn man denn will, ein Satz der heiligen Ka-
tharina von Genua an: Nichts brennt in der Hölle
außer dem Ich! Woraus sich ableiten lässt, dass auch

im Paradies, dem einer Karibikkreuzfahrt, nichts als das eigene Ich von der Sonne erreicht wird und man geneigt ist, sein Wohlbefinden für das der ganzen Welt zu halten, nicht nur auf dem Schiffsdeck, auch bei den vorgesehenen Landgängen – ich komme auf das Thema Landgang noch im Detail –, wenn man im besten Strandlokal einen eben lebendig gegrillten Hummer verzehrt und sich ein singender Krüppel dem Tisch nähert und vom Lokalbesitzer freundlichst abgewiesen wird, er solle sich doch nur in die Lage der Leute am Tisch versetzen: Ja, glaubst du, es wäre bei deinem Anblick noch ein Vergnügen zu essen? Und natürlich gibt man ihm trotzdem etwas, worauf er heiser sein Liedchen singt, Oh, island in the sun, und dabei auf den Krücken verschwindet – ich sage das nicht, um den Landgang von vornherein schlechtzumachen, ich sage es, um das Exzeptionelle einer Kreuzfahrt hervorzuheben, vom morgendlichen Sonnenbad, über die Visite bei Karibikbewohnern bis zur Mitternachtsshow mit der blond umwehten Marlen Dorée und einem ungarischen Zauberer, wie aus dem Begleitschreiben zum Anhang hervorgeht, beides Berühmtheiten in ihrem Fach. Ein Schriftsteller aber, das sei der Reederei gesagt, ist immer bestrebt, Illusionen, ob durch Kaninchen aus dem Hut oder als Schlager, zu sprengen und die Welt in das Gesprengte strömen zu lassen, was auf See so gilt wie an Land. Wer meine Lesungen an Bord besucht, wäre vor der Welt nicht sicher, wie weit das Schiff auch auf dem Meer ist. Nun heißt es im achtzehnseitigen Anhang aber, dass jede der Lesestellen vor Unterzeichnung eines Vertrags, also lange vor Antritt der Reise, dem Inhalt nach zusammenzufassen sei, als könnte das die Passagiere vor der Welt schützen, was freilich so wenig der Fall ist wie ein Schutz vor meiner Person. Man kann nämlich keine Stunde mit mir verbringen, ohne zu bemerken, dass ich die Welt, einschließlich ihrer weltfernsten Orte wie dem eines Kreuzfahrtschiffs, für verloren halte und allenfalls im Sex etwas Trost sehe, während die Liebe mit ihren Hoffnungen noch dem Bereich der Illusion angehört – aber in dem Punkt wäre ich belehrbar.

Liebe Frau Eschenbach, kommen wir zur Sache: Ich schreibe Ihnen jetzt, welche Stellen für die Bordlesungen in Frage kämen, damit die Reederei oder eine für sie tätige Zensurabteilung abwägen kann, ob Ihre zahlenden Gäste damit fertigwürden, auch wenn es nur eine Handvoll wäre. Und da hätten wir als Einstieg die Sterbeszene des Helden in meinem frühen Roman *Verlaufsform der Liebe*, aus einem Kapitel, das immerhin in Havanna spielt, danach die Misshandlung der Taubstummen aus der Erzählung *Ein Gefühl für die Null* und schließlich noch, aus meinem Erfolgsbuch *Das Herz ist eine leichte Beute*, die Abschiedsszene am Flughafen zwischen dem

Ehepaar, mit dem vielzitierten Satz der Frau, den sie ihrem Mann auf dem Weg zu seiner Geliebten noch hinterherruft – ich komme später darauf zurück. Und natürlich könnte ich auch aus dem Havanna-Kapitel die Seiten über den Stadtteil lesen, den niemand renoviert und kein Fremder betritt, wo gegen Abend Schatten wilder Leitungsdrähte vermauerte Türen und Fenster in schauerliche Harfen verwandeln. Es wäre somit eine Auswahl, die keine Zweifel darüber lässt, ob sich die Dinge an Bord eines Kreuzfahrtschiffes mit dem Wesen des Schriftstellers vertragen. Viertausendneunhundertneunundneunzig andere suchen Gesellschaft, und er stellt sich vor, der einzige Passagier zu sein: nur ich und die gigantische Arkadia II unter einem glastigen Himmel. Verirrte Seevögel kreisen, lichttrunken, über dem Meer, bis sie wie Pfeile in die Tiefe stürzen, klatschend im Wasser verschwinden und von dort, mal mit einem Fisch im Schnabel, mal nur mit schrillem Schrei wieder emporsteigen; diese Schreie sind alles, was man hört, während die Sonne unumwunden auf das leere Schiff prallt. So gehen die Tage dahin, und höchstens der Bauchredner könnte noch mit an Bord sein, dann wären wir zu dritt, und die Stimme seiner Puppe würde nachts durch die unendlichen Gänge im Inneren des Schiffs hallen. Traum und Albtraum, das soll damit gesagt sein, mischen sich in der Schriftstellerbrust, in der meinen ganz bestimmt – was ich in der Regel für mich behalte, aber Ihnen gegenüber scheint mir Offenheit geboten. Ich vertraue diese Zeilen freilich Ihrer Loyalität an, der einer Frau, die meine Bücher kennt, und da fällt mir ein, dass ich auch etwas Weihnachtliches zu bieten hätte, abends am Strand von Negril, wenn die Interessierten unter einer geschmückten Palme säßen und der Autor vor einer elektrischen Krippe, all die Tattoos im Lichterschein glänzten und ich die Geschichte der Weihnachtsfrau vorlesen würde mit ihrem ergreifenden Ende – ergreifend, ein Wort aus der Feder der Kritik, nicht aus meiner. Auf jeden Fall könnte ich mit dieser Geschichte wieder etwas an Boden gutmachen, was durch die Lesungen zuvor verloren ging, um dann zwischen den Jahren womöglich noch zuzulegen und nach Silvester gar im Theatersaal aufzutreten, aber das ist bloß der gewöhnliche Schriftstellertraum: einen Saal zu füllen, statt vor ein paar älteren Damen im Mantel zu lesen. Vor kurzem, in Lüneburg, stand mein Lesetisch gleich neben der Ecke, in der die Rollatoren abgestellt waren, und nach der Lesung suchte ich sofort das Weite, das man in Lüneburg vergeblich sucht, mir blieben nur die wintertrüben Sträßchen und ein hastiger Gang, wie verfolgt von den Rollatoren. Ich verirrte mich auf dem kurzen Stück zum Hotel, und da war kein Mensch, den man hätte fragen können, niemand war mehr unterwegs, nur ich. Was aber sind die paar Straßen von Lüneburg gegen das Labyrinth der Gänge und Treppen in Ihrem Schiff? Ich würde mich auch dort verirren und, wie in einem schweren Traum versinkend, weinen, ohne es zu wissen – Kafka, *Auf der Galerie*, das überraschende Ende; falls Sie es nachlesen wollen und nicht zur Hand haben: Geben Sie Kafka und Galerie ein, das reicht. Und bei der Geschichte für Heiligabend wäre das Suchwort Weihnachtsfrau. Auch ich gebe jetzt etwas ein, Seefahrt, wer weiß, was sich dort alles findet und die Gedanken zu Ihrem Schiff ergänzt. Betrachten Sie das bitte nicht als Misstrauen, auch wenn Blicke ins Netz immer ihr Kleinliches haben, und da geht mir noch durch den Kopf, wie unser Dichtergott Träger von Augengläsern genannt hat: Kleinliche Späher, hielt der treue Eckermann fest.

Wussten Sie, und hier hätten wir schon die erste Ergänzung, dass es laut Seerecht keinerlei Zuständigkeit für die Aufklärung von Tötungsdelikten an Bord eines Schiffes in internationalen Gewässern gibt? Also könnte sich die große Zahl Ihrer Passagiere am Schluss der Reise durchaus um eine vermindert haben, ohne dass jemand mit Nachforschungen hätte einschreiten müssen. Und natürlich wussten Sie das oder wissen es, seit Sie für die Reederei tätig sind, und folglich müsste Ihnen auch klar sein, dass jemand wie ich nach einer Lesung der von mir vorgeschlagenen Stellen in keiner geringen Gefahr schwebt, wenn er nachts noch an der Reling steht, etwa am Heck des Schiffs, und das Geschäume tief unter sich betrachtet, während einer aus dem Publikum, noch beleidigt von dem Gehörten in allem, woran er glaubt, von hinten an ihn herantritt und, womöglich im Seerecht bewandert – gerade der pingelig Informierte ist doch schnell beleidigt –, nur einmal zupacken und stoßen müsste, damit das rote Tuch von Autor, der Karibikverderber, verschwindet, ohne dass vor der Rückkehr nach Havanna irgendwelche Ermittlungen drohten, und die kubanischen Behörden nehmen es mit Verschwundenen bekanntlich nicht sehr genau. Es sollte daher kein Zwang bestehen, mich unnötig unter die zahlenden Gäste begeben zu müssen, zumal das Alleinsein zum Wesen des Schriftstellers gehört. Ich könnte die Mahlzeiten in meiner Kabine einnehmen, die Reise vom Balkon aus genießen und nur zu den Lesungen erscheinen, und das Ganze ließe sich auch mit jener Menschenscheu erklären, die man dem Dichter (im weitesten Sinne) ja allgemein zubilligt, selbst wenn er unter einem gänzlich anderen Begriff in Ihren Anhangseiten geführt wird – eben erst, beim zweiten Lesen, wurde mir klar, wer dort mit Edutainer gemeint ist. Nun, gegen Wortschöpfungen ist im Prinzip nichts einzuwenden, wenn sie die

Sprache verfeinern; aber ein Edutainer könnte den Passagieren kaum damit kommen, dass sein Herz nicht voll und ganz für das Geschehen an Bord schlägt, er nicht an langen Theken Geborgenheit findet, sondern in langen Sätzen. Ich bin, um es hier ein für alle Mal zu sagen, Schriftsteller, jemand, der das Leben nur erträgt, wenn er davon erzählt, auch das auf einem Schiff in der Karibik; jemand, der erst aufatmet, wenn er für sich ist, allein in Gesellschaft der Schrift, ihrer Wörter, wie sie im Wörterbuch stehen und schon standen, als es noch keine Kreuzfahrten gab und jedes Geschehen auf einem Schiff dem Ernst des Lebens angehörte. Mein Herz schlüge an Bord kaum für die Dinge um mich herum, ja, überhaupt schlägt es eher in dem Gedanken an etwas. Es schlägt für Bachs Fuge in d-Moll und Mozarts Klarinettenkonzert, es schlägt für Rilkes schwarzen Panther und Goyas Asyle, wie es für Kafkas dunkle Pointen schlägt, den Zirkusbesucher, der nicht weiß, dass er weint; nur schlägt es auch für das lichte Blau eines Segantini oder ein Lied, das mir durch den Kopf geht, für ein paar einfache unsterbliche Akkorde, wie aus den Rippen einer Stadt gemacht, Rio, Berlin, Neapel. Es schlägt für den italienischen Schlager, als er noch Schlager war, ein Gassenhauer, für *Buona sera, signorina, buona sera*, und dergleichen. Und es könnte sogar für die Menschen auf Ihrem Schiff schlagen, wenn sie in früher

Nachmittagsstunde, schon etwas erholt vom Essen und den Bettdingen nach Tisch, aber noch zu schwer, um sich ins Deckgetümmel zu stürzen, nur aufs Meer schauen und nicht merken, wie sich ihre Augen mit je einer Träne füllen. Eine pro Auge würde mir reichen, um diesen Leuten gewogen zu sein, auch wenn sie später mit einem Bier in der Hand im Pool umhergehen, ja ihnen aus Neugier in den Pool zu folgen, ebenfalls mit Dose in der Hand, und daran noch etwas zu finden, ein mir unbekanntes Glück. Ein Schriftsteller ohne Neugier ist tot, insofern hat die Reederei auch eine gute Karte, was mich betrifft; andererseits gilt die Neugier nicht nur der fremden Spezies an Bord, sie gilt auch dem Schiff als schwimmendem Goldesel.

Das Suchwort Kreuzfahrtbranche reicht, um zu erfahren, dass fast alle Schiffe dieser Bauart, schon Hunderte an der Zahl, unter sogenannten Billigflaggen auf den Weltmeeren Kreise ziehen, die Reedereien also praktisch Steuerfreiheit genießen, aber ihre Besatzungen mit Bagatelllöhnen abspeisen. So kommt eine Wäschereimitarbeiterin auf siebenhundert Dollar im Monat bei sechzig Wochenarbeitsstunden, ein Barkellner auf tausend Dollar oder die Restaurantkraft auf achthundert, jeweils mit den üblichen Abzügen – nicht um Stimmung zu machen gegen die Reederei, sage ich das, sondern um vielleicht zu erfahren, wie viel Madame Windim-Haar-Dorée für ihre Anwesenheit auf dem Schiff bekommt und ob das Honorar des Sprachlieferanten im Gleichgewicht dazu steht, wenn es schon kein Gleichgewicht zu den Löhnen an Bord gibt, was den Passagieren freilich egal sein dürfte, falls sie überhaupt andere Fragen stellen als die nach dem Menüplan und dem Wetter. Oder was denken Sie, liebe Frau Eschenbach, mit welchem Personenkreis man es zu tun hat auf einem Schiff, das seine Fahrt in Havanna startet und in Havanna beschließt? Diese Passagiere, die im Grunde gar keine sind, weil sie keine Strecke von A nach B zurücklegen, um am Ort B in eine andere Welt einzutreten als in die, die am Ort A zurückgelassen wurde, die sich aber als Abenteurer betrachten und denen ich bei jeder Gelegenheit Vortritt zu lassen hätte, wie es im Anhang heißt, oder eine noch freie Liege anzubieten, so das genannte Beispiel. Und schlimmer noch: Sie könnten mich auch jederzeit und überall mit Aussicht auf Erfolg ansprechen, Na, was macht die Schreibe so?, und für ein Foto den Arm um mich legen oder, wenn es ein Pärchen wäre, mich in die Mitte nehmen, zwischen zwei tätowierte Schultern, und ich hätte zu lächeln wie Kammlander von seinen Plakaten, menschenfreundlichst zwischen zwei Menschen, die meinen Namen nur aus den Büchern der Wolf kennen, von ihrem Kommissar, der die ländlichen Mordfälle aufklärt. Wir wussten gar nicht, dass Sie auch nebenher schreiben, werden sie sagen und mich zu ihrer Kabine führen, damit ich dort den jüngsten der Wolf-Romane signiere, meinen Namen unter ihren setze, und danach gleich noch ein Foto, wir drei in der Kabine, ich mit dem Buch in der Hand. Das alles wäre mehr als möglich, ja, es zeichnet sich förmlich ab, und vielleicht könnte man wenigstens die Wolf für eine andere Reise verpflichten, sagen wir: zu den Lofoten, die Sie doch auch im Programm haben, damit ich mich im Folgenden nicht umsonst mit den einzelnen Punkten des Anhangs befasse.

Der noch verständlichste betrifft die Angaben zur Person, etwas verwirrend nur, dass es dort heißt, es seien Angaben für das Schiffsmanifest, gewiss ein gängiger Ausdruck in der Seefahrt, aber für einen, dem nur das Kommunistische Manifest etwas sagt, doch befremdlich. Und nicht weniger befremdlich ist die Schlussfrage nach meiner Funktion an Bord, als hätte ein Edutainer mal diese und mal jene Aufgabe zu erfüllen, als Erzieher und Unterhalter in einer Person, wobei offenbleibt, ob man eher den unterhaltsamen Erzieher will oder lieber den erzieherischen Unterhalter, wie er in Heimen und Haftanstalten den Insassen neuen Lebensmut gibt. Der Reederei dürfte aber Letzteres vorschweben, die Lenkung der zahlenden Gäste hin zu dem Gefühl, dem Leben gewachsen zu sein, mindestens für die

Dauer der Kreuzfahrt; folglich müssten auch meine Abendauftritte dieses Gefühl unterstützen, was sich bei den genannten Lesestellen kaum garantieren ließe. Nehmen wir an, vier bis fünf von einem langen Tag auf dem Sonnendeck frisch Gebräunte säßen in leichter Bekleidung, um möglichst viel von ihrer Tagesleistung zu zeigen, in der ersten Reihe und müssten sich anhören, wie mein Romanheld zu der am Flughafen aufgegabelten Frau, als sie sich später in einem Hotelzimmer auszieht, sagt, dass mit jeder Hülle auch ein Stück Schönheit fällt, alles Schöne still zu Bruch geht. Müsste dann das weibliche Publikum – Männer besuchen nur unter dem Druck ihrer Frauen eine Lesung – nicht denken, dass ihr ganzer Karibiktag vergebens war und das Sonnendeck als einen Ort der Zerstörung sehen? Ein wesentlicher Punkt der Anhangseiten – keine öffentliche Kritik an dem Schiff und der Reise – wäre somit kaum erfüllbar, wüsste man doch nicht, was das Gelesene bei den Zuhörerinnen bewirkt, dazu käme noch die Wirkung des Vortragenden selbst, durch seine vermeintliche Bekanntheit und eine sonore Stimme, durch das ganze Außenseiterische plus dem Namensschild an der Brust – außerhalb der Kabine ständig zu tragen, wie es heißt. Es wäre also auch damit zu rechnen, dass die Damen in Reihe eins nur an meinen Lippen hängen und der Sinn des Gelesenen völlig an ihnen vorbeigeht, was die Reederei begrüßen dürfte und dem Manne in mir schmeicheln würde, für den Schriftsteller aber ein Desaster wäre, zumal er nicht durch deutliche Worte dagegensteuern kann, weil er, gemäß den im Anhang genannten *Absoluten Verboten,* weder durch entschieden moralische noch unmoralische Äußerungen während der ganzen Reise auffallen darf. Ein Schriftsteller aber verbindet sein zurückgezogenes Dasein mit der übrigen Welt nur durch Entschiedenheit, ein wachrüttelndes Ja oder Nein, was ohne weiteres auch auf See möglich wäre, selbst in so schläfrigen Regionen wie der Karibik.

Und damit komme ich erneut zur anvisierten Route in einer Jahreszeit, die bekanntlich keine nennenswerten Wetterumschwünge aufweist. Gleichbleibend windarm und sonnig reihen sich zwischen Kuba und den Kleinen Antillen die Tage um die Jahreswende, ein Gleichmaß, dem sich alle an Bord hingeben dürften, ohne zu merken, wie es sich nach und nach auf ihr Gemüt legt. Oder hat die Reederei etwa bedacht, was das träge Einerlei auf See während einer Flaute anrichten kann, wenn die Passagiere schon durch die Fülle des Essens und die Menge der Zerstreuungen im eigenen Trägen zu versinken drohen? Freilich, die Turbinen werden das riesige Schiff auch bei tagelanger Windstille weiter vorwärtsbewegen, aber all die Überreizten würden die Flaute im Innersten spüren, nur es sich nicht eingestehen wollen. Man stelle sich also fünftausend Menschen im unterdrückten Gefühl eines Stillstands vor, während gleichzeitig das Trügerische der Schiffsbewegung von Tag zu Tag mehr offenbar würde, die Kreuzfahrt als ein hoffnungsloses Fahren im Kreise, keinem anderen Ziel entgegen, als dort wieder so auszusteigen, wie und wo man zwei Wochen zuvor eingestiegen ist, allenfalls um ein paar Kilo schwerer und mit bräunlicher, von der Sonne vorzeitig gealterter Haut, einer Farbe, die sich schon auf dem nächtlichen Rückflug zu verflüchtigen beginnt. Und all das könnte im Verlauf einer Flaute zu dem massenhaften Gefühl führen, auf einem Fliegenden Holländer das Meer zu befahren und das bei dem Preis für die Reise, und damit zu einer Gesamtstimmung an Bord beitragen, in der es einzelne Quertreiber leicht hätten, sich zu Rädelsführern aufzuschwingen, um etwa mit Teilen der unterbezahlten Besatzung eine Meuterei anzuzetteln – dieses Stichwort, Meuterei, fehlt auch interessanterweise in den Anhangseiten, nur gehört es ja so zur Seefahrt wie die Seebestattung oder die Trauung auf See, und unsere Meuterer würden dann den Kurs neu bestimmen, weg von der Flaute, sagen wir, Richtung Afrika, wo doch wohl Teile der Besatzung herstammen, Hilfskellner, Zimmermädchen, Reinigungskräfte, die alle mit größtem Vergnügen und nicht geringer Berechtigung das Verhältnis von

Herr und Knecht unter Deck umkehren würden. Und ich sage nicht ohne Grund Herr und Knecht, denn es ist der trefflichere Ausdruck als Gäste und Personal, der Ausdruck, der keinen Zweifel an den Verhältnissen auf einem Kreuzfahrtschiff lässt, füge aber gleich hinzu, dass ich diese Verhältnisse, sollte ich Ihrer Einladung folgen, widerstrebend hinnehmen würde, auch wenn die Position des Sprachlieferanten in der Mitte zwischen Herr und Knecht, etwas mehr zum Knecht tendierend, ein Nachdenken über die Verhältnisse ja förmlich erzwingt. Nur könnte ich solche Gedanken auch für mich behalten auf dem Schiff oder sie auf dieses Antwortschreiben beschränken, womit es zwangsläufig noch etwas länger würde, und insofern wäre jetzt wieder ein Absatz hilfreich, eine Pause für Sie und für mich (der ich mir einen weiteren alten Whisky, den milden Dalwhinnie genehmige), eher aber für Sie, die Sie vielleicht ans Bürofenster treten, um kurz auf die Elbe und vorbeiziehende Schiffe zu sehen – ich weiß nicht, ob es so ist, ob Sie einen derartigen Ausblick haben und sich überhaupt für Schiffe begeistern, nur gefällt mir dieses Bild: sie in einem taubenblauen Kostüm am Fenster, eine Hand an der Wange, die andere am kühlen Glas, in Gedanken aber auf einem der Frachter, einzige Frau zwischen zehn Mann Besatzung auf der langen Fahrt nach Schanghai, und schon drängt es mich weiterzuschreiben, aus dem

Bild eine Geschichte zu machen: die elende Schriftstellerkrankheit, da haben wir sie.

Alter Whisky zählt zu meinen Schwächen, ich sage das, obwohl in den Anhangseiten gar nicht nach Schwächen gefragt wird, jedenfalls nicht direkt. Dafür taucht dort die Frage nach einer körperlichen Behinderung auf, anzukreuzen ein vorgedrucktes *Nein* oder *Ja* und falls Ja, welche Behinderung im Einzelnen, als ob daran abzulesen wäre, in welchem Umfang sie meine Autorität als Edutainer minderte. Und obgleich ich keinerlei körperliche Behinderung anzugeben hätte, könnte auch mein schlichtes Nein eine versteckte Konsequenz enthalten: Ob ich für eine Außenkabine mit Balkon die vertragliche Garantie bekäme oder gegenüber jedem noch in letzter Minute an Bord kommenden Gast, dem ein Balkon nicht zu teuer wäre, zurückstecken müsste. Mit anderen Worten: Wer weiß, ob nicht der körperbehinderte Sprachlieferant Vorrechte genießt, den zahlenden Gast sogar eventuell aussticht, weil Ihre Reederei in dem Fall mit staatlicher Beihilfe rechnen kann und keiner der Verantwortlichen, weder auf Behördenseite noch bei der Reederei, auch nur im geringsten ahnt, dass die wahre Behinderung eines Schriftstellers immer eine geistige ist. Sein Geist ist gestört von innerem Chaos, vermag sich aber störungsfrei auszudrücken; er ist ein Sprachmonster, das selbst unter ungünstigsten Umständen, etwa beim Captain's Dinner, zusammen mit den Schlagerleuten an einem Tisch, noch funktioniert, ihn unter dem Tisch Notizen machen lässt, um den Verstand zu behalten. Wobei ich hinzufüge, dass auch der gestörte Geist die schönen Seiten des Lebens kennen und rühmen kann, nur stets ihr Flüchtiges mitbedenkt, sogar während einer Kreuzfahrt. Ja, es gibt die Zeiten, in denen wir mit der Welt eins sind, wenn unser Leben voller Verheißungen ist und wir darauf bauen, dass sich die Zukunft an jedem neuen Morgen wunderbar vor uns ausbreitet, und sei es nur auf einem Schiffsdeck und der schon vor dem Frühstück besetzten Liege, bis dieser süße Glaube plötzlich abnimmt, ein kleiner Schlaganfall genügt oft schon, und man zu glauben beginnt, was einem abends die Nachrichten zeigen, und wofür die letzten ernsthaften Zeitungen noch Worte finden, heute die meine auf Seite eins über das gestrige Sinken eines Seelenverkäufers in Schlauchbootform mit dreihundert Menschen auf dem Mittelmeer. Ich weiß nicht, wie Ihre Zeitung getitelt hat, ich nehme an, Sie lesen ein lokales Blatt, schon wegen der Hafenmeldungen, aber die meine kam zu der Überschrift *Mediterranes Todesgefühl* und dem Schluss, dass mit jedem Ertrinkenden etwas von uns mit untergeht, und damit wäre ich wieder bei der Kreuzfahrt – was, wenn seitlich am Horizont, sagen wir, in Richtung des gebeutelten Haiti, ein Boot überladen mit Menschen auftaucht? Wie würden die Befehle lauten, die Direktiven der Reederei – Volldampf voraus, bis das Lästige auf dem Meer weg ist? Oder hieße es, Liebe Gäste, ab morgen könnte es eng werden im Whirlpool, dafür kann das Besetzen Ihrer Liege fortan durch einen Haitianer erfolgen, der dort die Nacht verbringt. Das heißt: Wie viel ist man bereit, dem Kreuzfahrtpassagier zuzumuten, falls sich die Welt unterwegs bemerkbar macht? Im Übrigen auch die Frage, die sich an Land stellt: Was kann man dem Wähler zumuten? Welche Zahl an Menschen, die zu ihm drängt, schluckt er noch und welche nicht mehr, von der Unzahl gar nicht zu reden. Oder was dem Fernsehpublikum, das ja in jedem Moment abstimmt, die Sendung verlassen kann oder ihr weiter folgt, ich durfte es vorhin erst erleben. Frau von und zu Moderatorin Schmollmündchen, so schnell redend, dass keiner ihren Unsinn hört, hat mich glatt überfahren, als ich zur Sache kam. Das Sexuelle, sagte ich, wird jede Sprache dazu so lange als impotent hinstellen und die Sprache alles Sexuelle so lange als grobschlächtig, bis wir aus dem Beischlaf ein Beigespräch machen, also die Zunge, wenn man so will, doppelt gebrauchen, und schon bei Zunge ging sie dazwischen, als hätte ich sie herausgestreckt. Aber muss man nicht denen, die sich nur auf Höhe ihrer Gürtellinie bewegen, erst etwas anbieten, zu dem sie aufschauen können, fragte sie in die Runde, und ich konnte gerade noch einwerfen, was es denn nütze, den Menschen einen Himmel zu öffnen, wo sie doch ohne Flügel geboren seien, da wurde mir mit Handgewedel das Wort entzogen. Ich sage das, weil auch Kreuzfahrten einen Himmel eröffnen, die zahlenden Gäste aber flügellos sind. Mensch bleibt Mensch, daran ändert selbst eine Reise durch die Karibik nichts, liebe Frau Eschenbach – Susanne, wenn ich offen bin, ich denke ihn immer mit, Ihren Namen, und Offensein ist ein weiteres Stichwort.

Ich wäre stets offen an Bord, ob zur Prime Time bei den Lesungen oder tagsüber auf dem Sonnendeck; auch als der, der alles umsonst hat, die Kabine, das Essen, jedes Getränk, könnte ich nicht anders, als die zahlenden Gäste spüren zu lassen, dass sie ohne Flügel geboren sind und der Himmel, den sie sich von der Kreuzfahrt versprechen, unerreichbar bleibt. Das aber wäre ein Zusammenwirken gleich zweier gezeigter Zungen: die eine für den Gratisaufenthalt auf dem Schiff, während die meisten anderen sich für die Reise wohl krummlegen mussten, und die meines Kopfschüttelns über jeden, der sich von der Kreuzfahrt dem Himmel näher gebracht fühlt. Und auch wenn ich den eigenen Traum von einer Seereise noch gar nicht begraben habe, wird man doch auf dem Schiff denken, es wäre so, und deshalb wollte ich auch die Träume der anderen begraben, aber das ist die Logik des Dschihadisten, nicht des Schriftstellers; nur – wer kann das den Passagieren klarmachen, niemand. Also werden sie mich für den Totengräber ihrer Träume halten. Und damit dürfte endgültig feststehen, welches Risiko der Sprachlieferant eingeht, nicht nur aufgrund seiner Lesungen, auch seines ganzen Wesens. Selbst wenn ich mich zurückhielte, auf dem Schiff nur das Nötigste sagte oder, was es kaum besser machte, vielsagend schweigen würde, dürfte mir Ablehnung entgegenschlagen, am Anfang vielleicht nicht offen, aber später bei erster Gelegenheit, etwa während eines Landgangs, beim Überqueren einer Hängebrücke, wenn man dem Träumezerstörer die helfende Hand reichen könnte oder aber ein Stoß wie aus Versehen genügte, um allem Zungezeigen ein Ende zu machen, damit man von da an als Kreuzfahrende unter sich wäre, einig darin, das schwimmende Reich gegen alles dort Unerwünschte zu schützen. Die Frage meiner Sicherheit an Bord verknüpft sich demnach mit der Frage, wie es um die Gemütslage Ihrer Passagiere steht, oft ja schwer zu erkennen unter einer Abendgarderobe, und die im Anhang verlangten persönlichen Angaben scheinen keine Gewähr zu bieten, dass sich nicht Scharfmacher unter die Gäste mischen, darin geübt, aus verschiedensten

Ansichten eine einzige zu formen, sei es mit Gesang und Spielen, sei es durch gemeinsame Gegner, Leute wie mich, oder Männer der Karibik, die bei Landgängen auftauchen und ihre überlegene Statur nicht genügend verbergen. Man stelle sich also vor, wie fünftausend Passagiere schon nach wenigen Tagen in gleicher Weise denken, um ihr riesiges Schiff gewissermaßen einen Zaun errichten, es so auf ihre Art kapern, damit man unter sich bleibt. Ich will der Reederei ja nicht unrecht tun, ihr eine Beihilfe unterstellen, aber nach allem, was die Anhangseiten über das Gesellige an Bord sagen, beispielsweise den täglichen Bauchplatscherwettbewerb – ich komme auch darauf zurück – muss man doch annehmen, dass solche, die darauf aus sind, labile Gemütslagen für ihre Zwecke zu nutzen, es unter den gegebenen Umständen auch mit Erfolg tun werden und die Passagiere zu Kreuzfahrtbürgern verschweißen, die von dem Schiff Besitz ergreifen und es so mit ihrem Willen erfüllen, dass selbst einer, der schon beim Betreten des Sprungbretts zittert, am Bauchplatscherwettbewerb teilnimmt. Und deshalb die Frage: Gibt es Wachpersonal, dem man in jeder Lage vertrauen kann, geschult durch unsere Auslandseinsätze in ihrem Gespür für jene, die aus noch arglosen Passagieren, die nur Sonne und Meer wollen, erklärte Kreuzfahrtkrieger machen? Und könnten sie, gegebenenfalls, eingreifen, wären sie einer Übermacht gewachsen? Ich frage das, weil mir in Anbetracht der Geisteslage in unserem Land – letztlich ja auch nur ein riesiges Schiff, für achtzig Millionen mit Vollverpflegung –, der wachsenden Bereitschaft, mit allen Mitteln sein All-inclusive-Bändchen zu ergattern, einem Kampfgeist, der sich auf der Kreuzfahrt konzentriert wiederfände, die Gegenleistung für meine Tätigkeit an Bord als zu gering erscheint. Eine Gefährdungszulage, wie man sie etwa auf Bohrinseln erhält, erschiene mir angemessen, aber auch ein Bonus für die Einhaltung sämtlicher Verbote, die für Lieferanten oder Edutainer auf dem Schiff gelten – auch das eine Folge der allgemeinen Geisteslage, die das Schaf in einem züchtet, aber wo bekämen die Wölfe sonst ihre Pelze her? Das nur am Rande, liebe Frau Eschenbach, und auch nur für Sie bestimmt; bei den Herren Reedern könnte sonst schnell der Gedanke aufkommen, dass ich selbst ein Scharfmacher sei und mit meinen ganzen Überlegungen bloß davon ablenken möchte.

Diese Verbote – ich will mich gar nicht mit jedem befassen, nur mit dem ersten unter der Überschrift *Absolute Verbote im öffentlichen Bereich,* also überall außerhalb der eigenen Kabine – erinnern an die Zehn Gebote, und man muss kein gläubiger Christ sein, um sie mit einem leichten Erschauern zu lesen. Ich zitiere Verbot eins: Liebesbezeugungen jeglicher Art sind gegenüber Crewmitgliedern und zahlenden Gästen wie auch Begleitpersonen und dem Besatzungspersonal grundsätzlich nicht gestattet! Daraus ergibt sich aber, dass ich im Falle einer Teilnahme an der Kreuzfahrt jenen alleinreisenden weiblichen Passagieren, die meine Lesungen besuchen und mir auf unmissverständliche Weise ihre Sympathie bekunden, mehr oder weniger schroff, mindestens aber reserviert zu begegnen hätte, was viele schon als schroff empfinden; manche meiner doch vorwiegend weiblichen Leser, also der Leserinnen, um es richtig zu sagen, sind hinsichtlich ihrer Ansprüche, die sie an mich haben, nicht gerade zurückhaltend. Dazu kämen die Gefühle, die eine kleine schwerhörige Hündin auslöst, sie würde ja zu meinen Füßen liegen während der Lesung – was für ein Mensch, der sein Tier nicht im Stich lässt, keinem Heim übergibt, das wäre der Herzensaspekt, und was für ein Mann, der keiner Begleiterin bedarf, die ihn bemuttert, das wäre der nicht geringe sexuelle Anteil. Und damit gäbe ich die ideale Person für eine Bordaffäre ab, beispielsweise auf der Durststrecke zwischen Jamaika und den Antillen oder spätestens nach der Visite auf Barbados mit seinen Rhythmen, die ein Übriges tun. Es ist also weitaus schwieriger, als es der Reederei offenbar erscheint, die absoluten Verbote so einzuhalten, dass nicht unter den Passagieren, den weiblichen, die mir zugehört haben, ohne die gewünschte Resonanz zu finden, ein versteckter Missmut aufkommt; und erinnern will ich auch an die schlichte Psychologie des männlichen Passagiers, der meine Reserviertheit, zumal wenn mit mir als bedeutender Persönlichkeit für die Reise geworben wurde, sofort als Arroganz empfinden würde und in der strikten Einhaltung von Verbot zwei (keine Gruppenbildung unter den Gastkünstlern) meine Abkehr von den Schlagerleuten sähe oder, schlimmer noch, wenn er deren Perspektive einnimmt, die Abkehr der leichteren Muse, ihrer populären Vertreter, vom hochmütigen Schriftsteller, der am Ende gar nicht so bedeutend ist wie von der Reederei behauptet. Folglich räumt man ihm am Tisch der Stars auch nur einen Randplatz ein, man nimmt ihn dort nicht auf, man schneidet ihn, eine bedrückende Situation, gerade wenn am Tisch auch zahlende Gäste sitzen und man vielleicht bei Bier und Brezeln gemeinsam eine unsterbliche Nummer singt, sagen wir *Marmor, Stein und Eisen bricht*, oder einer der Stars Bühnenanekdoten zum Besten gibt und sich die Passagiere am Tisch wie im Nähkästchen fühlen, in einer Stubenwärme, wie sie der Schriftsteller doch nie verbreiten könnte. Ihm bliebe höchstens ein Toast auf die ganze Runde, Verehrte Frau Dorée, lieber Ötztal-Peter, meine Damen, meine Herren, ich darf die Gelegenheit für eine Verbeugung vor der Schwere des Leichten nutzen – wie genau Sie hier jeden Abend ins

Schwarze treffen und damit Helligkeit erschaffen, Freude, während einer wie ich nur Pfeile zurückwirft, es allen schwer macht und dafür noch gratis reist: Es tut mir leid, deshalb ein Prosit auf Ihren Großmut! Ich denke, das käme gut an, und für die Enttäuschten von Reihe eins bliebe noch meine Widmung in einem Buch, die Zeile über dem Namenszug, auch wenn da schnell die Grenze zur Liebesbezeugung überschritten ist. Auch hier gälte es aufzupassen, einerseits das erste Gebot für Lieferanten, das der steten Freundlichkeit, einzuhalten, und andererseits mit der persönlichen Zeile, die ja oft den Vornamen der Betreffenden einschließt, nicht übers Ziel hinauszuschießen, etwa mit Worten wie Für Susanne, die kluge und schöne Leserin meines Werks! – Sie verzeihen, dass ich mir Ihren Namen geborgt habe, nur sind Sie bestimmt eine kluge Leserin, oder was hätte Sie sonst auf diesen Gedanken gebracht, mich einzuladen, und das Beiwort schön ergibt sich einerseits aus der Klugheit, die ja immer etwas Schönes hat, zum anderen aus dem, was aus Ihrem Schreiben ersichtlich wird.

Ich sehe Sie beim Lesen eines Romans, wie Sie beim Umblättern nur mit dem Mittelfinger, das Buch auf dem hochgelagerten Knie, den Kopf leicht heben, um sich von der neuen Seite zuerst einen Überblick zu verschaffen, wie man vor der Liebe mit dem Blick für einen Moment auf dem Körper des anderen ruht, sein Ganzes erfassen will, um es dann in einem Detail zu finden – was mich zurückführt zu der Stelle, die ich auf Ihrem Schiff in jeden Fall lesen würde, aus meinem Erfolgsroman *Das Herz ist eine leichte Beute*. Diese Stelle ist nicht ohne und lässt sich kaum zusammenfassen, wie das im Anhang verlangt wird, damit die Reederei oder das für sie tätige Zensurbüro durch die mit fünfhundert Zeichen bemessene Beschreibung der jeweiligen Seiten eine Grundlage erhält für ihre Entscheidung, ob das Ganze dem Publikum zumutbar ist. Aber warum schreibt ein Schriftsteller wohl Romane und keine Kurzmeldungen? Weil die menschlichen Wahrheiten, von denen er erzählt, in dem Maße zu Unwahrheiten werden, wie sie auf immer kleinerem Raum mit immer größeren Worten den Lesebequemen wie Zuckerstückchen gereicht werden. Man könnte dann gleich nur die Beschreibungen der Stellen vortragen und gar nicht die Stellen selbst, was auch deren Anzahl erhöhen würde, mit der Folge einer größeren Abwechslung innerhalb der Lesung. Und allein der Gedanke an diese fünfhundert Zeichen, die beschreiben sollen, was schon erzählt ist, dazu noch mit einer verheißungsvollen Überschrift für die geplante Broschüre der Kreuzfahrt (Wählen Sie einen Titel, der unsere Gäste unmittelbar anspricht), erfordert die nächste Whisky-Pause, einen neuerlichen Absatz, der Ihnen hoffentlich nicht so weit in die Hände spielt, dass Sie mein Schreiben damit beiseitelegen können oder alles Weitere dann zwischen Dringlicherem überfliegen; denn glauben Sie mir, das Wichtigste kommt erst noch.

Die gerade angesprochene Vorlesestelle, um den Faden wieder aufzunehmen, ist genau eine jener Passagen in meinem Werk (hier trifft das Wort Passage zu), in denen unser sexuelles Erleben, das von einem Zustand A mehr oder weniger zügig auf einen Zustand B hinsteuert, erst durch die Macht der Sprache in Gang kommt. Die weibliche Hauptfigur ruft ihrem Mann, der seine Untreue offenbart hat, in der Flughafenhalle noch einen Satz hinterher, während er bereits zur Passkontrolle geht, um seine Geliebte, sogar etwas älter als die eigene Frau, im Ausland zu treffen – das Ganze könnte auch gut vor Abfahrt eines Kreuzfahrtschiffs spielen. Sie, die Ehefrau, dreht sich noch einmal um und ruft, dass alle in der Reihe vor dem Schalter es hören können: Leck ihr doch die Kuckucksuhr, da hat sie am meisten davon! – natürlich steht im Buch ein anderes Wort, eins, das ich Ihnen in der Umgebung eines Büros ersparen möchte. Meine weibliche Hauptfigur ruft es aber, und das mit Nachdruck, ein Wort, wie es innerhalb einer Flughafenhalle dem Bombenalarm gleichkommt und das ein anderer Reisender zum Anlass nimmt, den schon gezückten Pass samt

Bordkarte wieder einzustecken, um sich an die Zurückbleibende tröstend heranzumachen, woraus sich das eigentliche sexuelle Drama ergibt. Die Reederei wäre also auf diese Stelle vorzubereiten, vielleicht mit der Erklärung, dass solch ein Satz schon bei Lesungen an Land ein heilsamer Schock sei und was man damit erst auf See erreichen könnte. Und gut wäre auch ein Hinweis auf die morgige Abendrunde im Kulturkanal. Die Leiterin der Sendung ließ es sich nicht nehmen, diesen Satz als Beispiel einer sprachlichen Entgleisung anzuführen – nie würde eine Frau so reden, sagte sie, und ich erwiderte: Sie redet auch nicht, sie macht sich Luft, *es* redet aus ihr, sie ist nur das Sprachrohr. So hieß meine Antwort, und sie blieb unwidersprochen, ein Pluspunkt für mich in der Sendung, das sollten Sie Ihrer Reederei klarmachen: dass der Satz mit dem furchtbaren Wort sogar im Fernsehen gefallen sei beziehungsweise morgen Abend fallen dürfte, vor noch wenigstens hunderttausend Zuschauern zu dieser Stunde, und die paar Leute bei meiner Lesung folglich eine verschwindende Minderheit wären, die durchaus ertragen könnte, was die Mehrheit erträgt. Außerdem dürfte die Stelle speziell beim weiblichen Teil des Publikums, also wiederum der Mehrheit, Anklang finden, wenn man davon ausgeht, dass gerade Ehefrauen oder Witwen, die sich abends auf Schiffen in Schale werfen, schon mit Geliebten zu tun hatten. Nur müsste auch die Reederei für diesen Satz geradestehen und gleich in der Werbung für die Kreuzfahrt hervorheben, dass der Schriftsteller entweder sein Salz in offene Wunden streut oder nur vorgibt, einer zu sein. Freilich, er stellt damit ein Risiko dar: die ungetrübte Freude während der zwei Karibikwochen etwas einzutrüben, aber wenn man sich vor Augen führt, dass Ihr Schiff, die Arkadia II, auf dem höchsten technischen Stand ist und schon allein durch seine Größe nie in echte Seenot käme, wäre das eigene Auf-Grund-Laufen für die Dauer meiner Lesung wohl zu verschmerzen, wie man auch die bekannten Sicherheitsübungen an Bord verschmerzt, ja sogar als Erlebnis empfindet, wie man nachlesen kann. Einerseits ziehen sie das Mögliche eines Abgrunds, in den das Schiff gerissen werden könnte, etwa durch ein Feuer, wenigstens in Betracht, andererseits stellen sie eine willkommene Abwechslung dar. Und strebt nicht auch der Schriftsteller immer beides an, Abgründe offenzulegen und die Leserschaft dabei an der Hand zu halten – widerwillig liest man, festgehalten in seinem Sessel, weiter und weiter. Nur wollte ich auf etwas anderes hinaus, auf meine Skepsis gegenüber Sicherheitsübungen gleich zu Beginn einer Seereise auf einem Schiff von solcher Dimension. Oder geht nicht bekanntlich in einer Panik an Bord jede Übungserfahrung sogleich verloren? Und wie es mit dem Bestei-

gen der meist zu wenigen und meist zu festgezurrten
Rettungsboote bestellt ist, wissen wir spätestens seit
dem letzten Film über den Untergang der Titanic,
wobei ja diese Eindrücke vor nicht allzu langer Zeit
ergänzt wurden durch die Bilder des stark zur Seite
geneigten, allein durch eine Unterwasserkante noch
vor dem restlosen Verschwinden in der Tiefe bewahr-
ten Kreuzfahrtriesen Concordia mit seinem lebens-
frohen italienischen Kapitän, diesem Eindruck einer
schon universell gültigen Havarie, mit der wohl
deutlich wurde, wohin die reine Vergnügungsschiff-
fahrt unter einem Verantwortlichen führt, der seiner Flamme auf einer an der Route liegenden Insel
mit dem Vorbeigleiten imponieren will, ohne an die
Beschaffenheit des Meeresbodens mit einer Fels-
nadel zu denken. Nun weiß ich nicht, welcher Na-
tion der Kapitän auf Ihrem Schiff (oder dem unserem, wenn ich das sagen darf) angehört, aber sich
Gedanken darüber zu machen, ob mit solchen Ma-
növern auch vor den karibischen Inseln zu rechnen
wäre, muss doch erlaubt sein. Würde also auch der
schwimmende Gigant, auf den Sie mich einladen,
die eine oder andere Küstenstadt mit ihren unsteten
Lichtern, etwa denen von Port-au-Prince, in womöglich gefährlicher Nähe passieren, weil unser Kapitän
einer einheimischen Schönen zuwinken möchte
oder, was noch verwerflicher wäre, die Reederei dort
Flagge zeigen will? Ich unterstelle das hier nicht,

seien Sie unbesorgt, ich ziehe den Fall lediglich in Erwägung, wie man auch stürmisches Wetter in Erwägung zieht, gleichgültig was uns die Jahreszeit vorgibt. Und wenn Sie mir sagten, dass die Kapitäne Ihrer Flotte ausnahmslos besonnene Männer seien, mancher gar schon jenseits von Gut und Böse, aber noch seetüchtig – nun, umso besser. Auch von den verlockendsten der karibischen Inseln werden sie dann gehörigen Abstand halten, solchen, auf denen bekanntlich ein Fluch lastet, und sich nur Küsten nähern, die für den Landgang in Frage kommen, weil sich die dortigen Bewohner freundlicherweise unseren Gebräuchen angepasst haben und nur noch die Natur ein fremdes Schauspiel bietet.

Halten wir also fest, dass Sicherheitsübungen an Bord nichts als Augenwischerei sind und ansonsten der Unterhaltung dienen, weil auch der besonnenste Kapitän machtlos wäre, würde unter den fünftausend Passagieren eine Panik ausbrechen, wozu das Schiff gar nicht vom Sinken bedroht sein müsste. Auch ein vom Landgang eingeschlepptes Bakterium, das sich rasend ausbreitet, könnte zur Panik an Bord führen. Oder glauben Sie etwa, dass die auf Ihren Werbeseiten erwähnte Souvenirdesinfektionsstation, die bei jedem Anlegen vor der Brücke zum Schiff errichtet wird, die mikroskopisch kleinen Gefährder, die sich ja eher an Händen und Füßen tummeln als auf irgendwelchen Tüchern oder Kettchen mit Haifischzahn, aufhalten könnte? Sie wäre nur ein Abtöter von Ängsten, diese Station, während das Bakterium schon am Werk ist, bis es nach nur einem Tag die Hälfte der zahlenden Gäste, immerhin zweieinhalbtausend, zur selben Zeit auf die Toiletten zwingt. Und ruckzuck wären die Rohrsysteme auch des modernsten Schiffes überlastet, und der sich ausbreitende Geruch in allen Gängen, allen Sälen, jedem Salon, würde schnell so unerträglich, dass sämtliche Passagiere, die kranken wie die noch gesunden, auch ihre Nächte auf den Sonnendecks verbringen müssten. In einer dunklen Masse lägen sie dort Leib an Leib, seufzend wie eben aus dem Meer Gerettete, dazu von Krämpfen geschüttelt und erstmals an der Kreuzfahrt als solcher zweifelnd. Besonders dieser denkbare Punkt erscheint mir interessant, sprechen doch alle Zahlen dafür, dass die natürlichen Zweifel an der Idee einer Reise mit fünftausend anderen auf einem Schiff immer noch weiter abnehmen, sei es, weil die Werbung für solche Reisen, etwa durch Gefälligkeitsreportagen, stetig anwächst, sei es, weil der Wunsch nach Gemeinschaft – ein Schiff, ein Wille – nirgendwo sonst so erfüllt wird. Aber gehen wir den Dingen noch mehr auf den Grund, fragen wir uns, Hand aufs Herz, warum gerade unsere Landsleute in Mengen, wie man es sonst nur von Flüchtlingen kennt, auf Kreuzfahrtschiffe drängen, dafür tief in die Tasche greifen, ihr Erspartes anbrechen, ja unter Umständen die eiserne Reserve, oder eigens dafür arbeiten, ungesunde Nachtschichten übernehmen, nur um dann für zwei Wochen mit all den anderen auf dem gemeinsamen Schwimmreich das Meer zu befahren, noch dazu im Kreis. Was geht in diesen Leuten vor oder nicht vor, woran mangelt es ihnen, wonach sehnen sie sich, dass sie all das in Kauf nehmen? Offenbar nach dem Gefühl, unter Gleichen zu sein, durch eine hohe Bordwand und das weite Meer geschützt vor all denen, die andere Sitten und Gebräuche haben. Und nun male man sich das massenhafte Magen-Darm-Problem an Bord aus, das nächtliche Notlager an Deck, um dem Gestank zu entgehen: Das Erlebnis der Gemeinschaft würde auf die härteste Probe gestellt werden, und meine Prognose lautet, dass es schnell vorbei wäre mit der Gleichheit, oder um es anschaulich zu sagen: Es wollen nicht alle in derselben Scheiße sitzen, nur in derselben Sonne.

Jetzt würde ich Sie gern sehen, liebe Frau Eschenbach, wie Sie die letzten Zeilen noch einmal lesen, weil Sie kaum glauben können, was dem Schriftsteller alles durch den Sinn geht, wenn er die Dinge zu Ende denkt. Ja, ein Eindringen solcher Erreger in die Arkadia II, vorbei an der Desinfektionsstation, das stille Überspringen von dem Quai, an dem das Schiff in schwüler Mittagsstunde liegt, einem

Händler dort, der das Wechselgeld reicht, auf nur einen der Käufer und von dessen Hand auf die Reling, an der so viele Hände entlanggleiten, wäre doch mehr als denkbar, und schon gäbe es zwischen Passagieren und Besatzung keinen Unterschied mehr, ebenso zwischen dem Gratisreisenden und dem zahlenden Gast: Alle wären auf eine ungute Weise gleich, und das Zusammenleben an Bord kollabierte. Es hieße nicht mehr ein Schiff, ein Wille, es hieße jetzt ein Schiff und Tausende auf der Toilette oder scharrend davor, jeder nur an sich selbst denkend. Und damit wären wir bei den Umgangsformen auf einer Kreuzfahrt, gerade im Falle der überlasteten Rohre mit der Folge von Nachtlagern an Deck – Umgangsformen, ein Wort, das man kaum noch hört bei uns, ich hörte es zuletzt in Prag, der Stadt von Kafka, nach einer Lesung dort. Ein älterer Zuhörer sagte im Laufe der anschließenden Publikumsfragen auf meine Bemerkung hin, wie zuvorkommend hier der Ton gegenüber dem Schriftsteller sei, dass es in Prag eben noch Umgangsformen gebe, man dem anderen nicht einfach auf die Schulter klopfe oder ihn duze; und bei der Gelegenheit darf ich gleich den Punkt der Publikumsfragen vertiefen. Ich bin es gewohnt, dass eine der jungen Mitarbeiterinnen meines Verlags den Lesungen beiwohnt, auch zum Zeichen, dass ich nicht allein auf weiter Flur lese –

was nebenbei den Gedanken nahelegt, sie gleich als meine Begleitperson an Bord zu nehmen; nur sind diese Mitarbeiterinnen, wie gesagt, alle recht jung, und so käme zu dem Neid auf die Kabine mit Balkon, die mich nichts kostet, von Männerseite auch noch der Neid auf eine vermeintliche junge Gespielin, die der Verlag seinem Autor stellt. Aber ich schweife wieder ab, wir waren bei den Publikumsfragen.

Wenn also keine Mitarbeiterin aus meinem Verlag, und sie sind nicht nur jung, sie sind auch anziehend und klug, die Regie bei solchen Fragen übernähme, wer würde es dann tun, Sie vielleicht? Dann sage ich Ihnen gleich, worauf es dabei ankommt. Sollten nach dem üblichen Verlegenheitsschweigen – das man als endgültig betrachten kann, sobald es die Minute überschreitet – in Schülermanier erste Hände nach oben gehen, müssten Sie binnen Augenblicken eine Vorauswahl treffen, zum Beispiel mit Gespür für den pensionierten Studienrat, der mir sachliche Fehler nachweisen will, den falschen Konjunktiv, die irrtümliche Ortsangabe, das vergessene Wort, oder für solche, die nur zur Lesung kommen, um eigene Ambitionen zu verfolgen, mir etwa ein Heft mit Gedichten zustecken wollen, das meist schon auf ihren Knien liegt. Und natürlich hätten Sie auch die von mir fernzuhalten, die nur eine Affäre suchen, wobei die geistige verheerender sein kann als die gewöhnliche; tun Sie einfach so, als stünden Sie mit mir auf vertrautem Fuß und wären mithin die natürliche Anwärterin für eine Affäre, auch wenn es später nicht dazu kommt. Und ist das getan, haben Sie sich innerhalb von Sekunden den nötigen Überblick und die nötige Autorität verschafft, dann sagen Sie etwas wie: Bitte, der Herr dort ganz hinten links, was möchten Sie fragen? Der meist abseits sitzende, auch unter karibischer Sonne noch blasse Typus empfiehlt sich stets für die Anfangsfrage, und man könnte wetten, dass er wissen will, wie ich zum Schreiben gekommen bin, aber auch gleich nachhakt, wie ich zu meinen Einfällen komme und ob das Schiff mit seiner Inspiration nicht zu ganz neuen Einfällen führt. Letzteres müsste ich entschieden bestreiten, und von da an ist es nur noch ein Schritt bis zur ersten Frage, die mit der Lesung nichts mehr zu tun hat. Nehmen wir an, ein Muskulöser mit tätowiertem Hals, der seine eigentlich nur Schundromane lesende Freundin, gleichfalls tätowiert, zu der Veranstaltung begleitet hat, möchte wissen, was ich von der Eheschließung unter Männern halte, eine Frage, die in letzter Zeit gern gestellt wird, weil ja der Schriftsteller in dem Punkt eine Breitseite bietet, sein Schreiben an sich etwas Abweichendes, aber auch Weiches, Offenes hat. Und selbst wenn ich nur preußisch antwortete, dass jeder nach seiner Fasson selig werden solle, käme schnell die Frage, mit der alles aus dem Ruder liefe: Was würden Sie sagen, wenn in Ihr Wohnhaus Afrikaner einziehen? Und hier braucht es eben die Person, die lenkend dazwischengeht. Beim Typ des Provokateurs haben sich im Übrigen simpelste Mittel bewährt, ich erwähne hier nur eines: Die Mitarbeiterin des Verlags, die mir gewöhnlich bei Lesungen zur Seite steht, hat immer ein Mobiltelefon bei sich, das nach der Melodie unserer Nationalhymne läutet, auch wenn der alles nur irgendwie Schmissige fehlt; es genügt ein Tastendruck in ihrer Tasche, und die dünne Melodie setzt ein. Sie nimmt das Gespräch dann an, gleich mit einem Ausdruck, als wäre der nationale Geist selbst am anderen Ende, und der Muskulöse fällt in dumpfes Schweigen, er vergisst seine Frage. Und wo wir schon beim Schweigen sind: Das andächtig schweigende Publikum ist das schlimmste. Ich könnte Ihnen eine Stelle nennen, die selbst in Gütersloh zum sicheren Lacher führt, obwohl sie mir nie komisch vorkam; bleibt dieser Lacher auf dem Schiff aus, muss man sich Sorgen machen. Das Ganze würde sich dann nur noch zuspitzen durch eine sogenannte Moderation, etwa von Seiten des Bordarztes, der sich dazu berufen fühlt – Ärzte glauben ja oft, sie seien auch in gänzlich anderen Disziplinen zu Hause. In dem Fall müssten Sie schon im Vorfeld energisch eingreifen, sicherstellen, dass dieser Mann nicht den Inhalt dessen erzählt, was ich vorlesen werde – etwas, das immer wieder vorkommt, besonders bei Bürgermeistern in ihren Einführungen; und sollte sich gar der Kapitän als Kenner meines Werks zeigen wollen, müssten Sie ihn mit diplomatischem Geschick davon abhalten. Ihre Rolle wäre keine einfache, besonders wenn sich der Ton bei den anschließenden Fragen verschärft. Stellen Sie sich nur vor, irgendwer möchte wissen, ob mein nächstes Buch von dieser Kreuzfahrt handelt, ja geht im Grunde schon davon aus und fragt, welche Rolle er und seine Frau darin hätten, und meine Antwort, gar keine, würde sogar kindergärtnerisches Geschick erfordern: Der Passagier, der sich als Figur eines Seefahrtromans für untauglich hält, muss besänftigt werden, ohne die Absicht darin zu erkennen, denn wie schnell werden Enttäuschte zu Erbosten. Oder glauben Sie, es gälten auch in dem Punkt andere Gesetze auf dem Schiff, als sie etwa auf den Plätzen von Stuttgart oder Dresden gelten? Ich fürchte, nein. Sie hätten also darauf zu achten, dass aus dem Kreuzfahrer, der meine Lesung als Begleiter seiner Frau besucht, kein schäumender Kreuzbürger wird, auch wenn sich solche Leute ja nie gänzlich beruhigen lassen. Er dürfte auch lange nach der Lesung, wenn ich gehalten wäre, an einer Bar auszuharren, um die Nähe zu den gewöhnlichen Gästen unter Beweis zu stellen, mit seinen Fragen fortfahren, und es ist anzunehmen, dass sich dann Gleichgesinnte an der Bar zusammenfinden und der Wortführer mich darauf festnagelt, dass ich einer Schicht angehöre, die gut reden hat und selbst eine Kreuzfahrt durch die Karibik nicht als Vorlage für ein Buch nimmt. Nein, unser Herr Schriftsteller hat andere Themen, wichtigere, er widmet sich der Welt, ihren Übeln, all den Leuten, die zu uns wollen und irgendwann auch hier die Bordwand erklimmen, bis sie uns abdrängen von der Bar, aber erwarten, dass wir die Zeche zahlen, stimmt's? Und dabei tippt er mir an die Brust und ruft, Es stimmt haargenau!, und verlangt laut eine Zahl, die Zahl, die der Invasion ein Ende setzt: Soundso viele, und keiner mehr, sagt er – wie viele also pro anno? So drückt er sich aus und tippt mir erneut an die Brust, und der Schriftsteller müsste sich das gefallen lassen, nur bei einem Glas Wasser an der Bar, um die Geistesgegenwart zu behalten, ja sogar einen Hocker verschmähend; er stünde wie ausgestellt vor den zahlenden Gästen, mal höflich nickend, mal angestrengt lächelnd, hie und da an dem Wasser nippend, um sich die Lippen zu befeuchten, während der immer noch Erboste die Muskeln spielen lässt, seinen bis knapp zum Zerreißen ausgestatteten Körper zeigt – ich nehme an, Sie haben sie bemerkt als Leserin: die kleinen Splitter aus Kafkas *Hungerkünstler*.

Eine der gelungensten Erzählungen in unserer

Sprache, und auch dort geht es um ein Auftreten vor Publikum, ebenfalls in einem Zeitraum von Wochen, nur nicht auf einem Schiff, sondern in einem Gitterkäfig, was unter Umständen dasselbe ist; und in dem Zusammenhang darf man die Frage stellen, ob er denn wohl, Kafka, dieser Einladung zu einer Kreuzfahrt gefolgt wäre. Nun, vielleicht hätte ihn das Kino an Bord gelockt, jeden Abend mit einem anderen Film, denn er war ja ein erklärter Kinogänger; außerdem hätte er schon dem Prospekt mit den Bildern des Schiffes entnommen, dass es sich hier um eine riesige stählerne Brust handelt, an der fünftausend große Kinder zugleich saugen können, und dass alle die Kreuzfahrt mehr oder weniger auf dem Rücken liegend verbringen, was an *Die Verwandlung* denken lässt, an Gregor Samsa, der sich morgens als Ungeziefer in seinem Bett wiederfindet – und die kläglich dünnen Beine flimmerten ihm hilflos vor den Augen, wie es heißt. Unter karibischer Sonne wäre das übrigens schnell der Fall, nur würde man es weniger bemerken, tagsüber abgelenkt durch das geschulte Personal, Animateure, Barmixer, hübsche Stewards, abends dann durch die Gastkünstler, den namhaften Schriftsteller eingeschlossen. Aber wir waren bei den Publikumsfragen an ihn, solchen zu vorgerückter Stunde an einer der Bars, und damit auch wieder bei den Umgangsformen auf dem Schiff.

Nehmen wir an, die zwei anderen Sprachlieferan-ten, die sich als meine Kollegen ausgeben, Kamm-lander und die Wolf, säßen mit an der Bar und wür-den sich gegenseitig darin überbieten, die Fragen an das Schreiben oder den, der schreibt, zu beantwor-ten, während ich höchstens, wiederum angelehnt an den großen Sohn Prags, der eigentlich ein ge-duckter war, ausrufen könnte: Versuche, jemandem die Hungerkunst zu erklären. Wer es nicht fühlt, dem kann man es nicht begreiflich machen! Und schon hätte ich alle an der Bar gegen mich – seht ihn euch doch an, diesen Gratisreisenden mit dem schwerhörigen Hündchen statt einer hörigen Beglei-terin, den hageren Nörgler, der besser tüchtig essen sollte: Er kann nur einen Toten für sich sprechen lassen, das kann jeder, während sich seine Kollegin persönlich zu Gott und der Welt äußert! Denn ge-nau das wird sie tun, die Wolf, und mit ihrer Sorge um das Große und Ganze selbst den aufgebrach-testen der Kreuzbürger an die Wand oder den Bar-tresen reden, bis mir der Kragen platzt, liebe Frau Eschenbach, und ich durch den noch gut besuchten Salon rufe, dass man sich um das Ganze nicht sor-gen muss, weil das Ganze zum Kuckuck noch mal immer auch das Falsche ist, oder gilt die negative Dialektik auf See vielleicht nicht? Und spätestens nach diesem Ausruf wäre ich endgültig unten durch. Ich hätte nichts mehr zu verlieren auf dem Schiff und könnte, wenn etwa Kammlander, angestachelt von dem Ton an der Bar, der Wolf Avancen machte, mich vergessen und ihm dem Flughafensatz ins Ohr flüstern, ohne das schlimmste Wort der Wörter auszulassen. Er aber würde es der Wolf gleich weitersagen, um damit zu punkten bei ihr, und sie es der männlichen Barrunde brühwarm erzählen, auf dass die falsche Entrüstung über mir zusammenschlagen würde wie ein Kaventsmann, so nennt man doch eine Riesenwelle, korrigieren Sie mich. Nein, ich darf nicht daran denken, was alles passieren könnte spätabends an einer Bar nach meiner Lesung, wenn es keinen Weg gibt, dem Schiffskäfig zu entkommen, ringsherum nur das Meer ist und es sich rächt, das süße Läuten Ihrer Einladung nicht überhört zu haben, und muss eben doch daran denken, wie niemand an der Bar den Finger für mich rührt. Betrogen! Betrogen! Einmal dem Fehlläuten der Nachtglocke gefolgt – es ist niemals gutzumachen, heißt es bei Kafka, und nun ersetzen Sie einfach Nachtglocke durch Schiffsglocke, und alles, was mir durch den Kopf geht im Hinblick auf diese Kreuzfahrt, findet sich in nur einem Satz.

So stehen die Dinge, so sieht es aus, damit hätte ich Ihnen reinen Wein eingeschenkt, was Ihre Einladung und meine mögliche Teilnahme an der Reise betrifft, in jedem Fall ohne Begleitperson aus meinem

Umfeld; da gäbe es keine, die das schon genannte Risiko, dass ich für ebenfalls alleinreisende Liebhaberinnen meines Werks eine Art Freiwild wäre, aufwiegen könnte. Natürlich, nur wer zu zweit reist, gilt als vergeben, das ist mitzubedenken, und eine Bordaffäre fiele nicht nur unter die absoluten Verbote, sie würde sich auch auf meinen ohnehin hohen Blutdruck, ja auf die ganze innere Verfassung auswirken, womit ich auf die medizinische und auch psychologische Versorgung während der Reise komme, letztere, um allzu Entflammte, die mich bedrängen, in geeignetere Hände zu übergeben, während ein tüchtiger Schiffsarzt meinen Blutdruck senkt. Tüchtig, sage ich nicht umsonst, sind doch in der Literatur Schiffsärzte häufig Gescheiterte oder nahezu am Leben Zerbrochene, Trinker in Leinenanzügen, Morphinisten und weinerliche Verlassene, die auf See ihr Heil im Vergessen suchen, wenn es nicht Hochstapler mit gefälschten Zeugnissen sind, die aber in Notlagen über sich hinauswachsen; man liest dergleichen bei Conrad, bei Forester, bei Stevenson oder glaubt, es dort gelesen zu haben. Oft mischen sich ja, wenn es um die Seefahrt geht, eigene Fantasien mit Episoden aus Büchern, aus Filmen, aus allerlei Geschichten, dem berühmten Seemannsgarn, und bei dem Stichwort ist zu fragen, ob es zutrifft, was man von Kreuzfahrten hinsichtlich eines durch Teile der Besatzung ausgerichteten

Abends hört, von einer sogenannten Crew-Revue, bei der etwa alle Maschinisten, bekleidet nur mit weißen Röckchen aus Tischdecken, im großen Theatersaal das Ballett *Schwanensee* aufführen? Und sind in dem Fall auch die Gastkünstler beziehungsweise Edutainer zur Mitwirkung aufgerufen? Sollte das nämlich der Fall sein, würde ich dem gern einen eigenen Vorschlag entgegensetzen, zum Beispiel querschnittartig eine klassische Filmkomödie auf die Bühne zu bringen – *Manche mögen's heiß*. Da könnte einer der jungen und wohl schwulen Stewards die Rolle der Monroe übernehmen, und für mich käme der Part des faltigen Millionärs in Frage, der den als Blondine verkleideten Tony Curtis zu küssen versucht. Denkbar wäre aber auch – für Belesene, falls es genügend solcher Leute an Bord gäbe – eine Aufführung von Becketts *Warten auf Godot* mit zwei der Maschinisten in den Hauptrollen sowie einem farbigen Küchenhelfer als Lucky und, warum nicht, dem Kapitän unseres Schiffes als herrischem Pozzo, sofern die Rechteinhaber des Stücks einer derartigen Seeaufführung zustimmten. Die Komödienadaption würde freilich mehr Resonanz finden, und auf *Some Like it Hot* und die Monroe komme ich auch durch den Namen Ihrer Muttergesellschaft, Diamond Cruises – oder hat nicht die Tragischste aller Hollywoodgöttinnen das schöne Lied *Diamonds Are a Girl's Best Friend* gesungen, und lässt nicht der Schiffsname, Arkadia, an Florida denken, wo die Damenkapelle aus Chicago gastiert und sich die zwei als Mitglieder der Truppe verkleideten Musiker auf ihrer Flucht vor der Mafia in das Angeln eines Millionärs einschalten? Für mich die Komödie der Komödien, und so gestrig mein Geschmack auch sein mag, scheint sie mir doch geeigneter als das Schwanenseeballett für den Unterhaltungsabend durch die Besatzung, womit ich der Reederei oder Ihnen keineswegs ins Programm reden will. Es sind nur Ideen eines denkbaren Teilnehmers der Reise, Ideen für einen Abend, der die Widersprüche auf dem Schiff verwischen soll, wenn man es genau betrachtet. Passagiere und Besatzung sollen einander näherkommen, aber auch Gratisreisende mit Balkon und Gäste mit Innenkabine und feuchten Augen, wenn beim Ablegen die Hymne erklingt. Alle Beteiligten an der Kreuzfahrt, vom Kartoffelschäler aus Gabun über den tätowierten Frühbucher aus Krefeld bis zur Baden-Badener Witwe, die ihr Erbe verprasst, soll dieser Revueabend zu Brüdern und Schwestern machen – ein Schiff, ein Volk, wie schon bei der Sicherheitsübung am Beginn der Reise, wenn es in der Rettungspolonaise, nachzulesen auf der Website, fröhlich zu den Booten geht, die im Ernstfall auch hoffentlich ausreichen, alle zu retten. Mir fällt es nun allerdings nicht in den Schoß, wildfremde Menschen als Brüder und Schwestern anzusehen, auch nicht solche auf einer Kreuzfahrt, obschon ich zugeben muss, dass mir die meisten der denkbaren Brüder auf erschreckende Weise ähneln; auch sie legen Wert auf ihr Äußeres, wozu der Ring im Ohr ebenso zählt wie in meinem Falle das Halstuch. Außerdem sprechen sie mehr oder weniger die Sprache, die ich spreche, und finden, wenn die Nacht hereinbricht, den sichersten Trost in einem Getränk. Und doch bleibt eine Kluft, so erschreckend wie das Verbindende. Nachzulesen ist ja auch, dass auf dem Schiff Ihre und meine Sprache die amtliche sei, und das, obwohl nicht nur unsere Landsleute noch vor dem Frühstück die besten Liegen belegen; denn im Weiteren liest man, es seien auch Holländer, Franzosen und Österreicher an Bord, mitunter sogar Schweizer und Polen, Letztere gern in größerem Kreis. Nun gehöre ich nicht zu denen, die jemanden nur wegen der Tatsache schuldig sprechen, dass er etwas jenseits unserer Grenzen zur Welt gekommen ist, möchte aber auch die gesammelte Erfahrung mit den Anrainern nicht ganz unter den Tisch fallen lassen. Ich darf hier festhalten: Der Holländer ist laut, der Franzose aufgeblasen, und der Österreicher, der wahllos Komplimente verteilt, nicht gerade glaubhaft; von den Schweizern, die uns rundheraus ablehnen, gar nicht zu reden. Allein die Polen, an die man sich spätestens gewöhnt haben muss, wenn es mit einem zu Ende geht, sie das Nachtgeschirr leeren, die Kissen aufschütteln und uns an den Herrgott und die Jungfrau Maria erinnern, erscheinen mir auf einem Schiff als angenehme Mitreisende, schon weil man mit Ihnen gleich Termine vereinbaren kann, sei es für das fällige Streichen der Wohnung, sei es für die Pflege einer Mutter. Nicht mit jedem unserer Nachbarn harmonieren wir so, im Gegenteil, mit Österreichern etwa bin ich schon mehr als einmal aneinandergeraten, wenn sie mich mit Herr Dr. Schriftsteller angeredet haben, und eine ältere Kollegin aus Paris hatte für mein Bemühen, mit ihr Französisch zu reden, nur ein trockenes Hüsteln übrig. Oft harmonieren wir ja nicht einmal mit den uns sexuell Nahestehenden, auch wenn wir das Bett mit ihnen teilen und sie vor dem Einschlafen küssen, was nur manchmal nichts anderes ist, als einem Hund die Hand aufs Maul zu legen, um das Gefühl der Fremdheit zu überwinden.

Damit soll gesagt sein, dass sich Kreuzfahrtschiffe lautlos vor jede Realität schieben und den größten nur vorstellbaren Traum von menschlichem Verbundensein auf sich ziehen – das allein schon durch die äußere Form (man denkt an Hochzeitstorten von Drogenbaronen mit ihren gehäuften Etagen, eine für jede Geliebte), durch eine Gestalt und Architektur, die dem Traum bis ins Detail gefolgt ist. So gibt es den Werbeseiten nach auf dem obersten Deck ein Amphitheatrum halb um ein Becken mit Sprungbrett, und alles dient nur dem schon erwähnten täglichen Bauchplatscherwettbewerb, bei dem auch der Dickleibige, Unförmige, der sich dort vom Brett stürzt und das Wasser bis an die Ränge aufspritzen lässt, zu dem Applaus kommt, der ihm abends, im zuckenden Licht eines Dancings, kaum zuteilwerden dürfte. Ohne jeden Argwohn fühlt er sich gestreichelt, wie sehr ihm auch die Bauchdecke glüht, und wenn er später im Shoppingbereich bummelt, erkennt man ihn und hebt den Daumen, und sein Glück wird grenzenlos sein. Damit will ich nur zum Ausdruck bringen, was einem Ihr Schiff, die Arkadia II, verheißt: dass alle Menschen an Bord, dicke wie schlanke, tätowierte wie nicht tätowierte, oder die mit Meerblick und solche mit Innenkabine, gar nicht erst Brüder werden, wie es ein berühmtes Lied verspricht, sondern bereits Brüder und Schwestern sind, was freilich an jenes Paradies auf Erden erinnert, das kommunistische Regime ihren Völkern in Aussicht gestellt haben, wobei deren Führer (und vielleicht auch die Herren der Reederei) ihr volles Vertrauen in die menschliche Dummheit setzten. Auf wie viel Dummheit aber muss jemand erst setzen, der das ruhende Leben auf einer Kreuzfahrt zum Gegenstand einer fortlaufenden Fernsehoper macht – mein Hausnachbar, der pensionierte Lehrer, erzählt immer wieder davon –, und was hat die Idee der Reederei, dass jemand wie ich mit seinen Lesungen ein Teil dieses ruhenden Lebens zwischen der einen und der anderen karibischen Insel sein könnte, ein Lieferant höchstens weiterer Träume, mit dieser Menge an Dummheit zu tun? Sie müssten es wissen, liebe Frau Eschenbach, wer sonst; nur müssen Sie und Ihre Auftraggeber dann das Folgende ebenso wissen: dass ich erstens auch Albträume liefere und zweitens nicht immer der Geisteslieferant mit Namensschild an der Brust wäre. Nein, ich wäre auch ganz privat in einem der Salons anzutreffen, sagen wir, einem der älteren Passagiere gegenübersitzend, die Hände als schützender Paravent vor einem Blatt Papier, weil ich den zahlenden Gast, der sich auf ein freundliches Wort hin – das freundliche Wort nach Gebot eins für Gratisreisende – mit an den Tisch gesetzt hat, zu einer Partie des guten alten Schiffchenversenkens anstiften konnte, natürlich erst nach dessen festgelegtem Abendessen, zu einer Stunde also, die nur ihm gehört, was mich zum nächsten kritischen Punkt führt.

Schon jetzt, ein Dreivierteljahr vorher, sollte laut dem Anhang die persönliche Essenszeit angegeben werden, sicher im Sinne der meisten, nur nicht in meinem, und es fiele mir auch schwer, all die Seligen zu sehen, die Tag für Tag zur selben Zeit in Abenduniform ihr festes Esstischreich einnehmen.

Niemand liebt ja solche Regelungen mehr als unsere Landsleute, eine bekannte Sache; und niemand, denke ich, bekommt folglich größere Augen, wenn er das Schiff, auf dem schon alles geregelt ist, sein Schiff, gehalten von armdicken Tauen, erstmals am Pier sieht, wo es mit all den geschichteten Decks die Höhe einer Domkuppel übertrifft, aber als schwimmendes Schlaraffenland bereitliegt. Und man kann es kaum abwarten, denke ich weiter, in das Innere vorzudringen, um dort bald jede Ecke, jedes Ereignis, jedes bekannte Gesicht, der Vollständigkeit halber auch meins, immer wieder auf smartem Weg festzuhalten, als hätte man kein Gedächtnis, nur Augen und den Bedienungsfinger. Immerzu hat man sein kleines Gerät parat, auf dem Schiff und bei jedem Landgang, und wenn man ganz am Schluss der Reise, noch im karibischen Hemd, bei morgendlicher Dunkelheit und leichtem Schneefall aus dem Flugzeug taumelt, sehen all die tausend mitgenommenen Bilder ihrer Verbannung auf ein Plättchen von der Größe eines Fingernagels entgegen: eine Sicht der Dinge, die ich kaum für mich behalten könnte, besonders, wenn auch während der Lesungen solche gedächtnisersetzenden Fotos entstünden, das kleine Gerät womöglich noch an einer Stange, so dass im Publikum ein ständiges Gefuchtel wäre, damit auch die einzige Stunde der Reise, in der es mit geschlossenen Augen etwas zu sehen gibt, festgehalten ist. Nur heißt das keineswegs, dass nicht auch welche im Raum sitzen, die tatsächlich zuhören. Ja, es mag sie geben, die paar, die ihre Tage auf dem Schiff mit einem Buch verbringen und eher ein Kapitel zu Ende läsen als einem Sonnenuntergang zuzuprosten, Leute, die wenig Anschluss finden und im Notfall sogar eine Risikogruppe wären. Wenn es etwa gälte, sich und auch andere zu retten, beispielsweise bei einem Feuer, könnte sie der Gedanke an den folgenden Rilke-Vers lähmen: Mit ihrem Blick entzündet sie ihr Haar und dreht auf einmal mit gewagter Kunst ihr ganzes Kleid in diese Feuersbrunst, aus welcher sich, wie Schlangen, die erschrecken, die nackten Arme wach und klappernd strecken – gemeint eine spanische Tänzerin, aber den Flammen an Bord wäre das einerlei. Damit will ich sagen, dass mich die wohl eher geringe Anzahl Belesener auf dem Schiff gar nicht weiter beunruhigen würde, im Gegenteil, sie hätte etwas Beruhigendes, weil ihr dann viele, die ohne jedes gedankliche Abschweifen zupackten, entgegenstünden, während die Vorstellung von einem Schiff dieses Ausmaßes, auf dem sich überwiegend literarisch Orientierte bewegten, die Vorstellung vom sicheren Untergang wäre. Für den normalen Reisenden ist ja eine Karibikkreuzfahrt, darf man vermuten, nur die Verlängerung der eigenen inneren Idylle, mit Palmen statt Hecken, mit Rhythmen statt Schunkeln, und sein begrenztes, aber vernünftiges Ich würde sich zu Hause fühlen und im Notfall das Nötige tun – für meinesgleichen wäre es indessen eine feindliche Umgebung, auch wenn wir es nicht offen sagen; erst wenn es kritisch wird, bricht das ganze Ressentiment aus. Meinesgleichen – ich gebe das Ihnen gegenüber gern zu – reagiert nicht selten hysterisch, sobald es ans eigene Leder geht. Wir hängen zu sehr an uns selbst, um mit Verstand um unser Leben kämpfen zu können, während die anderen, in unseren Augen also die breite Masse, an schlichteren Dingen hängt, dem eigenen Auto, dem örtlichen Fußballverein, der lokalen Küche und der Landesfahne, was gar nicht bedeuten muss, dass diese Leute nicht auch an sich selbst leiden können, nur eben recht selten auf einer Kreuzfahrt. Ich räume aber gern ein, dass es auch unter Ihren Passagieren solche gibt, die nachts den eigenen Körper umklammern, bis sie der Schlaf in seine Fänge nimmt, denen wäre dann meine Lesung ein Trost: Ja, auch andere, die Figuren eines Romans, verzweifeln an ihrem Begehren, sogar unter mediterranem Himmel und im Besitz eines schönen Autos – Letzteres sage ich aus gegebenem Anlass, da müssten Sie sich morgen Abend nur die Sendung im Kulturkanal anschauen.

Frau Schmoll- bis Spitzmündchenmoderatorin wollte mich in einem Nebensatz auf das sexuell

Symbolische eines englischen Zweisitzers mit et-
lichen Pferdestärken – das war ihr Wort – und ho-
hem Spritverbrauch festlegen, einen Wagen, den ich
günstig gekauft hatte und der inzwischen der Werk-
statt gehört, in der er ohnehin meistens stand, und
ich sagte, Bleiben wir doch lieber beim Thema: Das
Begehren verbraucht das Sein, auch das Ihre, sofern
Sie eins haben, worauf sie auf dem Pferdestärken-
beispiel und damit auf mir förmlich herumhackte.
Doch anstatt zu sagen, dass ich längst umgesattelt
hätte auf ein Damenrad, schlug ich ihr vor, mit mir
eine Fahrt zu machen, und gab ihr Recht in der
Auffassung, dass hinter Fahrzeugen dieser Art immer ein Gefühl sexueller Minderwertigkeit stecke;
gleichwohl würden alle von mir als Besitzer dieses
Autos reden, die einen neidisch bis bewundernd, die
anderen herablassend. Sie reden von mir, aber keiner denkt an mich, fügte ich noch hinzu, um ein
bekanntes Nietzsche-Wort abzuwandeln, und damit sind wir wieder auf unserem Schiff, liebe Frau
Eschenbach. Denn auf der Arkadia II sollte man
sich schon Gedanken machen, wer da aus seinem
Werk liest, statt nur nach dessen Lebensstil zu fragen; das heißt, ich rechne in jedem Fall auch mit
gewöhnlicher Neugier, zumal bekannt ist, dass ich
auf der beliebtesten Mittelmeerinsel ein Häuschen
habe, klein, aber in beherrschender Lage. Nur würde
ich mich nicht scheuen, angesichts des Grauens auf

dem Mittelmeer von meinem mediterranen Todesgefühl auf dieser Insel zu sprechen – ein Ausdruck,
den die Zeitung von mir übernommen hat, das nur
nebenbei, und der einer Ohrfeige gleichkäme für die
Mallorcaseligen unter den Passagieren. Aber der
Schriftsteller ist verpflichtet, solche Ohrfeigen aus-
zuteilen, und das in jede Richtung; ich teilte sie
auch an die aus, die mir den englischen Zweisitzer
in ihren Kritiken gern aufs Brot geschmiert haben,
Wir fahren dort sogar zu dritt, rief ich Ihnen ebenso
gern zu – Aston, Martin und ich! Die Reederei sollte
also wissen, dass ich auf dummes Gerede noch
dümmer antworte und dazu noch ein Meister im
Beenden unerwünschter Unterhaltungen bin. Nehmen wir an, einer Ihrer zahlenden Gäste und ich,
womöglich einer der Antreiber beim Bauchplatscherwettbewerb und Wortführer nachts in den Bars, wir
begegneten uns in einem der Gänge tief im Bauch
des Schiffes, in seinen Eingeweiden, die sich vom
Bug bis zum Heck ziehen, vorbei an Nottreppen
und Liften, an Quergängen von Backbord zu Steuer-
bord und den Türen zu Fluchtwegen ans Tageslicht.
Er käme gerade aus seiner fensterlosen Kabine, ich
hätte den Weg durch den labyrinthischen Schiffsbauch gewählt, um unbehelligt, alle Shopping- und
Vergnügungsbereiche und sämtliche Decks mei-
dend, an die Spitze des schwimmenden Riesen zu
kommen, und wir hätten bis zum nächsten Fahr-

stuhl denselben Weg, vorbei an Vitrinen mit locken-
dem Schmuck und unter den Sohlen ein Zittern
von den Kräften des Schiffs. Nur wir zwei wären in
dem ewigen Gang, und kaum hätte ich ihm aus
Höflichkeit zugenickt, läge seine Hand auf meiner
Schulter – Nur mal eine Frage, ja: Wieso bläst du
hier als einziger Trübsal, allein gegen fünftausend
andere? Und meine ganze Antwort hieße, dass er
sich leider verzählt habe, es nur viertausendneunhundertneunundneunzig seien, mich nämlich ab-
gezogen. Und das Gespräch wäre beendet, noch bevor
es begonnen hätte, der Antreiberpassagier würde
mit wehendem Bademantel davongehen, während
ich vor einer der Vitrinen bliebe, erschrocken über
ein Gesicht im Fenster, das meinem ähnelt, und
mich fragte, warum ich der Schiffsglocke, die vor
neun Monaten aus Ihrem Schreiben geläutet hat,
gefolgt bin. Oder ist das Leben etwa nicht schon
Labyrinth genug, als dass es noch all die Gänge und
Treppen, die ungezählten Türen und Zwischen-
räume, die verschachtelten Salons und verschiedensten Säle, das Gestapelte der Decks und die
Spiralgalerien der Geschäfte in dem Schiff braucht,
um sich am Leben zu fühlen? Für mich würde das
sicher zutreffen, mein Dasein ist an sich verschlun-
gen und eine ständige Reise, für all die übrigen auf
der Arkadia II offenbar nicht, und so hätte die Be-
gegnung in dem Gang noch ihre Folgen, abends

an einer der Bars, wo sich der Passagier mit Kabine im Schiffsbauch den Umsonstreisenden mit Balkon, der kein Vergnügen zu kennen scheint und keine Gemeinschaft, keine Dankbarkeit und keinen Humor, nun erst richtig verknöpft – Aber so sind sie eben, die Schreiber und Bücherwürmer, könnte er mir zwischendurch zurufen und sein Glas in meine Richtung halten, Na, denn prost, auf die Kunst! Und was würde es da helfen, bekannte Gegenbeispiele anzuführen – Kafka, ich sagte es schon, liebte das Kino, die Leinwandwelt, Rilke die Frauen, den Luxus, die Duras das Chanson, den Wein und die Männer; Jack London liebte das Abenteuer, Joseph Conrad die See und ein Hemingway den Stierkampf; und mir ist das andere, das Leichte im Leben ebenso wenig fremd, darum wende ich mich jetzt auch dem Erfreulichen dieser Reise zu, dem, was das Schiff und seine Route durch die Karibik um Weihnachten und die Jahreswende versprechen, das aber erst nach einem guten Schluck auf Ihr Wohl aus der Ferne.

Der schottische Redbreast, Single Pot Still, ist dreifach destilliert, wenn Ihnen das etwas sagt, das ideale Getränk, um zwischen kleinen Schlucken ein wenig im Netz zu stöbern in Verbindung mit Ihrem so melodischen Namen. Und da fand sich zu meiner Freude auch ein Foto, das Sie vor dem Emblem von

Arkadia Line zeigt, offenbar in einer steifen Hamburger Brise, weil Sie schützend eine Hand vor Ihr Haar halten und der Wind Ihnen den Rock an die Beine legt, ein Bild, das die Nähe zu Schifffahrt und Meer deutlich macht, zugleich Ihr Stehvermögen – eine schöne Frau im Gegenwind, schön im umfassenden Sinne, auch die Haltung, den Ausdruck, die feine Ironie einschließend; eine Frau in den besten Jahren, die Fünfzig gelassen im Blick, dazu ohne die Fesseln einer Familie, wie man herauslesen kann, also ganz Ihrer Aufgabe verschrieben: das Kreuzfahrtpublikum bei aller Karibik auf andere Gedanken zu bringen, oder überhaupt auf Gedanken zu bringen durch eine Lesung an Bord und dafür den passenden Lieferanten zu finden. Genau das ging mir, entspannt vom Whisky und von der Aussicht aus meiner Wohnung, eben durch den Kopf, übrigens auch eine Aussicht auf einen Fluss, nur nicht so viel befahren wie der vor Ihrem Büro, eher langweilig vor einer Kulisse aus Hochhäusern dahinströmend, und bei dem Gedanken an unsere Reise, dem Blick vom Sonnendeck aufs Meer, kam mir die Idee, wie abwechslungsreich doch ein paar drollige Delphine hier im Fluss wären, eine kleine Schule mit ihren Kapriolen, wenn es nicht schon der Gedanke war an die Delphine, die unser Schiff begleiten werden – sicher eine der erfreulichsten Seiten einer Kreuzfahrt, wenn die Passagiere, die sonst nur die Zeit und damit ihr Leben ohne großes Bedauern davonschwimmen sehen, nun doch immerhin hoffen, die Tiere mögen wieder und wieder auftauchen und das Schiff noch lange mit ihren Späßen begleiten. Man stelle sich nur vor, wie die Delphine, nach elegantem Eintauchen und jähem Aus-den-Wellen-Schießen, ihre Pirouetten drehen oder wie sie, als wäre das olympische Wasserballett ihr Vorbild, derart synchrone Sprünge machen, dass all die Zuschauer auf den Freidecks in ungewollte Jauchzer ausbrechen und die Zahl der Fotos in die Tausende geht, während die der Akteure im Meer womöglich nur bei drei oder vier liegt. Was aber, wenn der seinem Wesen nach effekthascherische Delphin durch die Vielzahl der Kreuzfahrtschiffe inzwischen zu Gleichgültigkeit neigte, oder die Delphine überhaupt ausblieben, selbst diese vier, oder, schlimmer noch, das Delphinquartett keinerlei Voraussetzung für irgendwelche Kunststücke hätte, wenn sich die vier allenfalls zeigten neben dem Schiff und nach ein, zwei Sprüngen mit ihrem Delphinlatein am Ende wären? Verstehen Sie mich bitte nicht falsch, es ist nur eine Frage in dem Zusammenhang, und wir waren ja auch bei den erfreulichen Seiten der Kreuzfahrt. Und da hätten wir vor allem das gute und reichliche Essen zu jeder Tageszeit, das heißt die Schlaraffenlandsituation, die den menschlichen Geist bekanntlich vollständig zur Ruhe kommen lässt. So wie es Schläge im Leben gibt, die ein Gemüt zum Einsturz bringen, gibt es auch Annehmlichkeiten, die einen Menschen in Zement verwandeln und für immer grienen lassen, in dem Fall würden sich die erfreulichen Seiten mit den unerfreulichen treffen, etwa die karibische Sonnenbräune mit dem Anblick verbrannter Schwarten oder einer überzüchteten Muskulatur samt Tattoos und den kleinen Hautgebieten, in denen das Leben schon zu erlöschen beginnt, aber bleiben wir beim Erfreulichen. Und hier wären als Nächstes die angekündigten Landgänge auf den verschiedenen Inselgruppen zu nennen, wie auf den Caymans, bekannt für die Prahlereien der weißen Bewohner, die gern ihre überschaubaren Steuern erwähnen, wodurch leicht der Eindruck entstünde, dass die kostspielige Kreuzfahrt nur ein kleines, befristetes Glück ist, während das eigentliche und beständige Glück auf den Caymans liegt. Die Folge aber wäre latente Unzufriedenheit auf dem Schiff, ja Anflüge von Melancholie: Man wüsste nicht, was es zu bedeuten hat, dass man trotz einer Kreuzfahrt traurig ist, um die berühmte Heine-Zeile abzuwandeln; die Caymans wären das Märchen aus uralten Zeiten, das einem nicht aus dem Sinn geht. Darum mein Rat: den Landgang dort auszulassen und sich eher im nicht fernen Port-au-Prince, Haitis Hauptstadt, umzusehen. Man sieht dort noch immer die Spuren des letzten Erdbebens und jüngsten Taifuns und kann karibische Lebensart, den Tanz im Schutt, auch bei nur kurzem Aufenthalt erfassen. Und so würde man, nach Almosen für die Ärmsten, mit einem guten Gefühl an Bord zurückkehren – sehen Sie in dem Vorschlag nichts Anmaßendes, ich glaube nur, die Reederei sollte dafür Sorge tragen, dass ihr Publikum nicht durch falsche Landgänge verprellt wird, der Groll könnte sich dann auch auf den Besuch meiner Lesungen auswirken, während Haiti in jedem Fall zu Herzen ginge.

Und wenn wir schon beim weichen Herzen sind: Wie verfahren Sie im Falle eines plötzlichen Todes an Bord, der ja bei der um sich greifenden Erschlaffung in früher Nachmittagsstunde, wenn alles auf den Liegen dämmert, vielleicht erst gegen Abend bemerkt wird, zumal es bei den Menschen aus unseren Breiten doch einen Einheitstypus gibt und sich für den Laien kaum ein Unterschied feststellen lässt zwischen einem auf seiner Liege verstorbenen Holländer und, sagen wir, einem Mann aus Nürnberg, der nur blass ist nach durchzechter Nacht. Wie also verfahren Sie hier, wird der Tote unauffällig in einen Kühlraum im untersten Bereich des Schiffes gebracht, oder gibt es durch den Bordgeistlichen eine Andacht, mit anderen Worten: die Verlautbarung, dass sich die Zahl der Passagiere um eins vermindert hat? Ja, macht die Reederei überhaupt Zugeständnisse an die Trauer während der weiteren Reise? Gibt es zum Beispiel schwarze Garderobe in den Boutiquen an Bord, gibt es stille Zonen auf dem Schiff? Ich frage das, weil auch mein Herz eher weich ist als hart, angreifbar, verletzlich, eine Schwachstelle, aber ich wollte diesen Punkt nur streifen, wie man einen leichten Einwand erhebt, eben den Einwand der Sterblichkeit, die einem wohl bei der Erschlaffung in den frühen Nachmittagsstunden eines karibischen Kreuzfahrttags gelegentlich durch den Kopf geht – wie viele Jahre bleiben mir noch, wie viele Reisen dieser Art wird es noch geben, werde ich auf See mein Leben beschließen oder an Land, und wenn es an Land sein soll, wann höre ich dann besser auf, die nächste Kreuzfahrt zu buchen? Das wären einige Fragen im Zustand der Erschlaffung, besonders in Stunden mit verschleierter Sonne oder gar bei niedrigem Himmel, der auch am nächsten Tag noch aufs Gemüt drückt, nur kann einen ja ebenso das Gegenteil niederwerfen, hier gilt das alte Goethe-Wort: Alles in der Welt lässt sich ertragen, nur nicht eine Reihe von schönen Tagen! Sie müssen also auf alles gefasst sein, Susanne, und umso mehr Bedeutung kommt wohl dem Landgang zu. Er soll die Erschlaffung beenden, auch wenn nach Tagen auf See bei den Einzelnen von einem Gang kaum die Rede sein kann, zumal in Bequemlichkeitsschuhwerk, das ja, kombiniert

mit dem Körpergewicht, eine wankende bis schlur-
fende Fortbewegung begünstigt, und dazu fällt mir
etwas von Kierkegaard ein: Ihr Gang bewies mir
leicht, dass sie keine namhafte Tanzschule besucht
hatte – immerhin gab es da noch den Gang, der
beim Betrachter ein gewisses Entzücken ausgelöst
hat. Und nun enden solche Landgänge ja bekanntlich in Strandlokalen, wo die Hinterteile dieser Leute
vermutlich nachgeben wie ein Schwamm, wenn sie
sich setzen, während sich bei den Einheimischen
mit ihren Löchern im Unterhemd diese Löcher
durch die Muskulatur darunter zu dunklen Ellipsen
dehnen. Ich komme also nicht umhin, im Zusammenhang mit Landgängen an Schwämme zu denken und an das allgemeine Geschlurfe, dem ich
wohl fernbleiben würde, auch wenn die damit ver-
bundenen Abenteuer wie das genannte Überqueren
einer Hängebrücke dazu dienen könnten, dass sogar die Tätowiertesten Vertrauen zu dem Bordschriftsteller fassten, weil er nicht zögert beim Überqueren,
ja sogar Blicke in die Tiefe wirft und der einen oder
anderen Ängstlichen seine Hand anbietet, sich als
Teil der Gemeinschaft zeigt; und auch wenn Frauen
solche Manöver in der Regel bemerken, lassen sie
sich doch auf einer Hängebrücke im Urwald gern
täuschen. Nur darf man sich beim Thema Landgang
nichts vormachen: Auch das bestandene Abenteuer
kann Insektenstiche, entzündete Zehen und Knie-

beschwerden nicht ungeschehen machen, dafür bringt es die Rückkehr aufs Schiff näher, und dort winken schon die Abendessensgänge. Mit jeder Inselvisite lernt man also die Annehmlichkeiten an Bord mehr zu schätzen, denke ich mir, einschließlich der Geduld des farbigen Personals, nachdem man in den Strandlokalen erfahrungsgemäß gleich die Rechnung auf den Tisch geknallt bekam (eine Spezialität von Jamaika, an der nicht einmal Ihre Muttergesellschaft in Miami viel ändern könnte), und so atmen Ihre Passagiere eben nach jedem Inselbesuch auch auf. Das Abendessen wird zum Fest, geleitet von einem Chef de Rang, und die Commis de Rang, hurtige Jungkellner, geben dem Gast das Gefühl, über eine ganze Dienerschaft zu gebieten, auch wenn es nur die Servicebrigade ist, immerzu lächelnd, dazu wie aus dem Ei gepellt und mit einer Fahne süßen Duftes, wenn sie an einem vorbeihuscht, der Fahne, die einem noch vor jedem Wein zu Kopf steigt; oder sind es nicht seit jeher Gerüche, die wie nichts anderes die Erinnerung heranzwingen? Der vom Landgang Heimgekehrte fühlt sich in die Kindheit zurückversetzt, den Tag, an dem er erstmals in einem Zirkus war und es nicht fassen konnte, wie die Kunstreiterin in der Manege vom peitschenschwingenden Direktor ohne Unterbrechung im Kreise getrieben wurde; denn treibt nicht auch der Oberkellner seine Brigade an, nur mit erhobenem Finger statt Peitsche, und die flinken Malaien wiegen sich wie die Reiterin in der Taille, wenn sie von Tisch zu Tisch gehen; und wie seinerzeit im Zirkus stellt sich der von der Traumwelt des Schiffes umfangene Passagier vor, dass sich das alles, das Essen, die Getränke, das Brausen des Serviceorchesters und Schlagen des eigenen Herzens, also die ganze rauschende Kreuzfahrt, in einer sich immerfort weiter öffnenden Zukunft fortsetzt – Sie werden sie wieder bemerkt haben, die paar Kafka-Splitter, nicht ganz lupenrein, nicht überprüft, aber nachzulesen in seiner Skizze *Auf der Galerie*. Ich wollte damit nur deutlich machen, wie sehr die Rückkehr vom Landgang eine gleich doppelte Heimkehr ist, auf das Schiff und in unsere Kindheit, auch noch zu späterer Stunde an einer der Bars. Die dortigen Kellner erinnern an indische Filmprinzen oder sind gar näselnde österreichische Sprösslinge, die noch den Handkuss beherrschen, dumm wie Brot, jedoch gespickt mit Manieren, und dazu zählt eben heute auch, was das Publikum in Staunen versetzt, wie sich ein Kellner etwa zur Barmusik tänzelnd durch den Salon bewegt, halb über dem Kopf das volle Tablett, oder wie er den Drink serviert und Bittschön, gnä' Frau, murmelt; ältere Passagiere werden nicht umhinkommen, an Sissi-Filme zu denken, mitten in der Karibik wird sie die Erinnerung forttragen an den Hof der jungen Kaiserin und sie bei einem Mojito rührselig werden lassen, das wäre meine Prognose. Und in dem Zusammenhang hilft es zu wissen, dass auch Erinnerung nur eine Fiktion ist und damit etwas, das den Bordschriftsteller herausfordert. Das Erfundene ist sein Terrain, und wer sonst könnte den Passagieren dazu verhelfen, gleich das Fiktive in einer Kreuzfahrt zu sehen und gar nicht erst daran zu glauben, man würde sich auf dem schwimmenden Koloss auch kolossal durch die wirkliche Welt bewegen. Meine Aufgabe, um es deutlich zu sagen, bestünde vor allem darin, das Reale dieser Reise zu entlarven oder ihr Irreales offenzulegen und die, die meine Lesungen besuchen, das Lesen zu lehren. Wer vorher keinem Roman vertraut hat, könnte sich danach in Romanen verlieren, wobei die Gefahr übertriebener Lektüre weit geringer ist als die des übermäßigen Essens. Denn mit jedem Vertrauen in eine erfundene Wahrheit setzt man zugleich Vertrauen in deren Lieferanten: Man traut ihm zu, dass er in seinen Büchern – nur dort, aber das reicht – die Oberhand über sich gewonnen hat, seine Ängste, seine Bosheit, seine Sehnsucht: Er hat sich selbst übertroffen, was allemal besser ist, als endlos nach sich zu suchen. Und ein neu gewonnener Leser würde vielleicht tief in der Nacht die Kabine verlassen und auf eins der hinteren Freidecks gehen, dort den Mond betrachten und die Schaumspur, die das Schiff hinter sich

herzieht, und wohl begreifen, dass man auf einer
Kreuzfahrt zwar das Weite sucht, aber letztlich Ver-
gebung will, eine Nähe zu sich und der Welt. Da
ist man plötzlich ganz allein und tritt in einem un-
erwarteten Sinne der Nacht gegenüber, wie der so
tragisch samt seinem Verleger mit dem Auto ver-
unglückte und von mir hochgeschätzte Schriftsteller Camus im Tagebuch zu einer Seereise: Das Meer
unter dem Mond, seine schweigenden Weiten. Hier
glaube ich, das Recht zu haben, in Ruhe zu sterben,
hier kann ich sagen: Ich war schwach, aber habe
mich doch nach besten Kräften bemüht.

Und so hätten wir demnach eine weitere erfreu-
liche Begleiterscheinung der Kreuzfahrt, nämlich
den auf See gewonnenen Neuleser, mit dem sich die
Zahl der Nachdenklichen auf dem Schiff um eins
erhöhen würde, den Bordgeistlichen und einen
Psychologen im Dienst der Reederei hier nicht mit-
gerechnet. Besser wäre, nebenbei gesagt, eine weibliche Kraft auf dem Gebiet der Gefühle, sie sollte
allerdings Eheerfahrungen mitbringen, einige Hö-
hen und Tiefen dieser Lebensform, die wohl die ver-
breitetste auf dem Schiff sein dürfte, kennen, zumal
das angepeilte St. Lucia eine beliebte Kulisse für
eheliche Zerwürfnisse ist (ich könnte jedes Lied davon singen). Spätestens dort muss die Kreuzfahrt-
psychologin beim sogenannten Sundowner, sobald
er zum Egodowner wird, hellwach sein, nur wissen

Sie das so gut wie ich; schließlich haben Sie, wie man lesen kann, bei einer einschlägigen Zeitschrift gearbeitet, ehe Sie zu einem Reiseblatt und später in die Kreuzfahrtbranche wechselten. Ja, man muss heute beweglich sein, selbst in der Schreibbranche, man kann nicht immer nur den Mittelmeerraum bereisen, man muss auch Regionen mit schlichterer Küche und Kultur in Betracht ziehen, in dem Fall die Karibik, wo höchstens Bananenblätter im warmen Nachtwind aneinanderschleifen wie Buchseiten, solche, die zurückgeblättert werden, weil man eine Stelle nachlesen will, dafür aber der Rum, wenn er genügend Reife hat, selbst einen alten Scotch übertreffen kann – mein Glas ist schon wieder leer, und ich komme nur nach einem Schluck vom guten Redbreast hoffentlich zum längst fälligen Ende, dem Ja oder Nein zu Ihrer Einladung, der zweiwöchigen Nähe von viertausendneunhundertneunundneunzig Kreuzfahrerinnen und Kreuzfahrern, von denen mir jede und jeder so fern sein dürfte wie der Mensch, der in der Stunde meines Todes das Licht der Welt erblickt – kein besonders heiteres Bild, zugegeben, aber der Whisky hellt die Dinge gleich wieder auf, auch wenn man ihn allein trinkt. Schade gleichwohl, dass Sie im hohen Norden zu Hause sind und nicht in der Nähe, sonst hätten wir das alles auch bei zwei gefüllten Gläsern besprechen können, im Hintergrund eine Musik, die nicht stört, ich weiß nicht, was Sie bevorzugen, vielleicht etwas in der Art, wie es in Überseebars zur Atmosphäre beiträgt, etwas wie *Take Five* oder *The Girl from Ipanema*, sicherlich kennen Sie Rio, welche Kreuzfahrtgesellschaft hat es nicht auf dem Plan. Man müsste sich also schon einiges einfallen lassen, wollte man Sie beeindrucken, da dürfte der Blick aus meinen Fenstern kaum reichen, auch wenn die Hochhäuser auf der anderen Flussseite durchaus imposant sind, und natürlich ist auch eine Musik im Hintergrund denkbar, wie sie wohl bei dem Bauchplatscherwettbewerb auf dem Schiff zur Teilnahme ermuntert, dazu ein Caipirinha statt Whisky, Limetten hätte ich sogar im Haus beziehungsweise in der Wohnung, auch eine Kleinigkeit zu essen, tiefgefrorene Langusten, die tauen in der Pfanne schnell, und nun wird dieser Satz leider etwas lang, es fällt eben schwer, einen Punkt zu machen, wenn noch so vieles zu sagen ist und ohnehin ein Wort das andere gibt, folglich muss man es einfach tun. Und der Vorteil eines Punktes ist dann in jedem Fall die kurze Pause, ja, der Punkt kann sogar den Absatz oder die Leerzeile ersetzen, einer längeren Unterbrechung vorausgehen – und hat es in dem Fall auch getan: Ich habe noch einen Blick in Ihre Werbeseiten geworfen, und da finden sich Bilder von den Außenkabinen der Arkadia II, die habe ich mir erlaubt zu vergrößern, was den ersten Eindruck nicht verbessert.

Selbst die Kabinen mit Balkon haben etwas kindisch Verspieltes, einschließlich der Bullaugenlaibung im rosa Bad und dem Wandschmuck, den man vom Bett aus sieht: verwischte Palmen am Meer, verwischte Wahrzeichen ferner Städte, verwischte Paare im Zustand unendlicher Freude, fließende Farben, Auflösung, wo man hinschaut. Aber braucht der Mensch nicht, wenn er aus dem Dunkel des Schlafs und dem Chaos seiner Morgenträume kommt, als Erstes einen Eindruck von Klarheit? Und wenn wir schon beim Schlaf sind und damit dem Bett: Kann man bei nur ein, zwei Zentimeter Stahlwand zwischen seinem eigenen und dem nächsten Bett etwa die schmerzlichen Geräusche menschlicher Lust hören? Wenn ich auf Lesereise bin, fällt mein Urteil über ein Hotel, ob in Gütersloh oder Ingolstadt, einzig aufgrund der Zimmerwände; selbst ein Grand Hotel kann bei mir durchfallen, während ich dem Gasthaus mit nur zwei Sternen, aber massiven Wänden aus früheren Zeiten den Vorzug gebe, natürlich auch, weil dort Hunde willkommener sind und meine kleine Schwerhörige auf keiner Reise fehlt. Was ihren Ohren entgeht, das nehmen meine umso deutlicher wahr, jedes Bettpfostenknarren im Nebenzimmer, jeden Seufzer, jedes erlösende oder enttäuschte Weinen. Und auch wenn die jungen Mitarbeiterinnen meines Verlags bei den Hotelzimmern, die sie an den Leseorten für mich buchen, jeweils

nach der Wanddicke fragen, gibt es doch immer
wieder böse Überraschungen, weil die Auskünfte
ungenau waren. Erst kürzlich, in Zürich, wo die Ge-
bühren für das Parkhaus und ein kleines Mittag-
essen schon einen Gutteil des Honorars verschlingen, drang nachts ein Ehedrama durch die Wand,
praktisch mitten im Liebesgeschehen, wie ein Teil
davon; die Frau warf dem Mann keuchend vor, dass
sie sich nach dem Moment sehne, den sie eigentlich
gerade erlebe, und der Mann, offenbar studiert,
sagte, dies sei ein Paradoxon, typisch Frau, worauf
ich nur noch Klatschen hörte, vermutlich von einer
Ohrfeige. Der Rest war wieder Keuchen, und bei
aller Schlaflosigkeit überwog in mir das gute Gefühl, völlig unbehelligt im Bett zu liegen, und das
nicht erst seit kurzem. Mit anderen Worten: Ich bin
in jeder Beziehung alleinstehend, und unter der
Voraussetzung hätte die Kabinengestaltung auf Ihrem Schiff in Verbindung mit hellhörigen Wänden
eine verheerende Wirkung, ich wäre dem einen so
ausgeliefert wie dem anderen – gratis in einer Außenkabine mit Balkon, aber unglücklich. Und ich könnte diesen Zustand kaum verbergen außerhalb der
Kabine, könnte aber auch nicht – nach dem Gebot
der Beteiligung am Bordleben – in der Kabine bleiben, zumal sich ja das Unglück dort nur verschlim-
mern würde. Die ganzen verlockenden Umstände
der Reise zeigen sich also mit ihren Fußangeln, so-

bald man die Dinge durchdenkt, nach dem Wie und Warum fragt, und Schriftsteller leiden nun einmal an dieser Krankheit, das müssen Sie wissen. Und dabei wären die meisten doch viel lieber der Mann, der gar nicht erst darüber nachdenkt, warum die Dinge sind, wie sie sind, sondern sie gleich am Schopf packt – eine Kreuzfahrt durch die Karibik: Ich bin dabei. Zählen Sie auf mich, auch wenn alle Umstände dagegensprechen. Ein Mann, ein Wort, das gilt an Land wie auf See. Zwei Männer allerdings, und schon hat man Sprüche. Und an den Bars auf dem Schiff dürften mehr als zwei sitzen, und das nicht nur abends, auch tagsüber, besonders wenn das Wetter nicht mitspielt, und warum sollte es die ganze Zeit mitspielen. Ja, ich rechne mit Unbilden, nicht zwingend mit Regen um die Jahreszeit, nur mit Wind und hoher Dünung. Und wenn nach drei windreichen Tagen, sagen wir, um Weihnachten herum, der karibische Himmel bis zur Durchsichtigkeit abgewetzt wäre und sein Blau schon etwas vom Dunkel des Alls hätte, könnte ich diese Beobachtung kaum mit den eben gebrauchten Worten ausdrücken, sollte ich an einer der Bars sitzen, in die Sprüche verwickelt, oder auch in der Kabine sein, an dem verspielten Schreibtisch dort, wo mein Blick, was sich gar nicht verhindern ließe, auf das Wandbild über dem Tisch fallen würde, eine verwischte Revueszene, in der ephebenhafte Tänzer rund um eine Schlagerfee künstlichen Nebeln entsteigen, und das zur Prime Time, weil über allem die Sterne funkeln, also parallel zu meiner denkbaren Lesung, was immerhin dazu beitragen könnte, dass bei mir nur die Schlagerresistenten säßen, das Häuflein derer, die noch daran glauben, dass am Anfang das Wort war und nicht das Bild oder die Musik, womit ich wieder beim eindeutig Erfreulichen wäre.

Die karibischen Rhythmen – denken wir nur an den nervösen Merengue, die fast ebenso unruhige Salsa oder das vermeintlich Schläfrige des Reggae – werden immer irgendwo zu hören sein, ob auf den Sonnendecks oder im Fitnessbereich, ob in den Shoppingzonen oder beim Sundowner an einer der Bars, und erst recht, wenn die Stunde der DJs schlägt; sie werden die ganze Kreuzfahrt begleiten, die Landausflüge eingeschlossen, und man wäre in einer Art Dauerfieber, immer nahe am Tanz, ich will nicht sagen, benommen, aber doch angesteckt, ständig mit einem leichten Wippen im Knie oder Auf und Ab des Kopfes, wie man es aus geschlossenen Anstalten kennt. Man spricht dort von kephalalgischen Bewegungen, während man auf dem Schiff – das ja zweifellos auch etwas Geschlossenes hat – eben von Stimmung spricht, der unaufhörlichen Stimmung an Bord, gewiss das Erfreulichste neben dem guten und reichlichen Essen und eben dem Geschlossenen des riesigen Schiffs. Selbst bei den Inselbesuchen gehört man zusammen, fällt gemeinsam in ein Strandlokal ein oder besteht gemeinsam ein Abenteuer, fährt in Booten dicht an Krokodilen vorbei, kostet den lokalen Schnaps und wagt ein Tänzchen mit den Inselschönen, bevor es wieder an Bord geht, wo das Barometer gegen Abend noch einmal steigt, das Fieber, das keinen Arzt braucht. Erst zu Hause, wenn das karibische Gefühl nicht nachlässt, man auch im Büro noch mit dem Kopf wackelt und dem Knie wippt, wird es bedenklich – ich nehme an, Sie wissen, wovon hier die Rede ist: von der Erinnerung, die uns im Griff behält, liebe Susanne Eschenbach, die einen immer wieder umwirft, in meinem Fall, als wäre ich gar nicht allein, sondern noch Hand in Hand mit der, die mir einmal nah war, bei ganz anderer Musik, nebenbei gesagt, der guten alten Italienschnulze, *Una lacrima sul viso*, wenn Sie das kennen, oder *Buona sera, signorina, buona sera*, das wurde ja schon erwähnt, aber zur Erinnerung gehört die Wiederholung, und man kann davon ausgehen, dass unsere Kreuzfahrer, wenn sie wieder zu Hause sind, zurück in Krefeld, in Cottbus, in Biberach oder am Tegernsee, nicht müde werden, sich ihre Reise aufzublättern, das heißt auf ihr Schirmchen zu wischen, Stunde für Stunde, Station für Station, wie das unermüdliche Aufwischen eines Flecks, der davon nur größer wird. Und eine dieser Stationen wäre auch ich, der namhafte Schriftsteller, erstmals festgehalten während der Lesung, er allein das Motiv, später dann höchstens noch als Teil eines Gruppenbilds an einer der Bars. Dort kommen sich Gastkünstler und Sprachlieferant näher, umringt von zahlenden Gästen, die ihre künftigen Erinnerungen einfangen, ich im Bildhintergrund, denn die Schlagerleute haben natürlich den Bogen heraus, sich nach vorn zu spielen; nur meine kleine Schwerhörige wäre ein Pluspunkt, wenn ich sie im Arm hielte und ihre Behinderung preisgäbe, auf die Gefahr hin, dass dann auch mir etwas Schwerhöriges anhaften würde. Und dabei ist mein Gehör ausgezeichnet, ebenso die Augen, die Zähne und auch die Bandscheiben, ja sogar der Blutdruck bei Lesungen, wenn das Publikum mitgeht. Einmal wenigstens sollten sich die zu mir Verirrten auf die Unterlippe beißen und damit zugleich auf ihre Erinnerungen, während parallel im Großen Saal ein Schlagerkönig die gute alte Zeit aufleben lässt. Dort fliegt das Konfetti, und im entlegensten der Salons – an der Tür ein weißes Schild mit den Worten *Lesung, bitte Ruhe* in schwarzen Buchstaben wie die Überschrift einer Traueranzeige – sitzt der Schriftsteller im Schein einer Lampe, vor sich auf dem Tisch sein Buch und ein Glas Wasser, und selbst wenn er guter Dinge ist, kommt er damit nicht gegen das Türschild an. Würde er aber diesen Eindruck bestreiten, sagen, er sei ebenso bei Laune wie die auf der Schlagerbühne, wäre das ein Bestreiten der Wahrnehmung, das einem die Leute bekanntlich übelnehmen. Und haben sie dann schon etwas getrunken, werden sie leicht ausfallend, besonders solche, die vor dem Frühstück eine Liege mit ihrer Badehose besetzen und am Abend, wenn man sie reizt, womöglich handgemein werden, mich auf das herzlichste am Kragen packen, um so die wahre Laune aus mir hervorzuschütteln oder, übler noch, mir die ihre einzutrichtern. Da bliebe nur die Flucht nach vorn, mich etwa nach der Lesung gleich unter die Schlagerfreunde zu mischen und die eine oder andere Nummer mitzusingen, wobei mir unsere neueren Schlager gänzlich unbekannt sind. Ich könnte aber auf solche bauen, die mein Elternhaus mit klingender Wehmut erfüllt haben, *Ein Schiff wird kommen*, das wäre auch naheliegend, ebenso *Die Gitarre und das Meer*. Oder was auf unserer ersten Reise in den Süden zu hören war, als man endlich ins Warme kam, mit heruntergekurbelten Fenstern in den Abend fuhr und jemand im Autoradio dazu noch singend Buona sera wünschte, und man sie sich vorstellte, die Schöne aus Neapel, die den Gutenachtkuss gibt. Es ließe sich wie nebenbei anstimmen, dieses Lied, als Beweis meiner guten Laune, ja, ich könnte sogar ein Duett anregen, nur dürfte der Schlagerkönig das Ganze für überholt halten, sofern er es überhaupt kennt. Er wird abwinken und stattdessen etwas bringen, das all die Liegenbeleger in Entzücken versetzt, das nicht totzukriegende *Ti amo*, und man stelle sich jetzt noch vor, wie die Menge im Saal zu rhythmischem Klatschen anhebt, Hände über dem Kopf bei gleichzeitigem Wiegen des Oberkörpers. Nur unsere gemeinsamen Landsleute geraten ja bei Musik in derartige Bewegungen, sowohl dem Hymnischen wie auch der Gruppengymnastik verbunden, und man stelle sich weiter vor, dass man den Bordschriftsteller durch Blicke zwingt, sich dem anzuschließen, bis er sogar in das *Ti amo* einstimmt. Das aber dürfte manche ermuntern, mir noch weitere Prüfungen aufzuerlegen, vielleicht nicht an dem Abend, aber schon am nächsten Tag. Man könnte mich auffordern, mit in einen Whirlpool zu steigen – Kommen Sie doch mal zu uns, nur keine Scheu! – oder am Bauchplatscherwettbewerb teilzunehmen, ersatzweise an Gesellschaftsspielen, Scrabble, Bingo, Reise nach Jerusalem; und wo, frage ich Sie und die Reederei, läge die Grenze für das in den Anhangseiten verlangte stets freundlich Zugewandte? Was, wenn man mich bittet, einen Schriftstellerwitz zu erzählen, und ich nur mit den Achseln zucken kann, womit man bei Kreuzfahrern aber nicht durchkommt – Einen kennen Sie doch sicher, los –, und ich mir diesen Witz aus der Nase ziehen muss, Kommt ein Schriftsteller mit Brett vorm Kopf zum Arzt, fragt der Arzt, Ja, was fehlt Ihnen denn?, sagt der Schriftsteller: Eine mit Holz vor der Hütte, die mich liebhat – ha, ha. Unter das freundlich Zugewandte fielen somit auch heruntergelassene Hosen, als gäbe es gar keine Grenze, darum würde ich diese Grenze gern seitens der Reederei schriftlich gezogen sehen, damit sich jeder Passagier daran orientieren kann. Denn Sie dürfen eins nicht vergessen: Gerade weil meinesgleichen den Leuten einen Spiegel vorhält, so vor dem eigenen Gesicht, dass er die eigene Narrennase verbirgt, gilt es, sich dagegen zu wehren, dass man nicht den Narren an uns frisst, nur weil wir den Spiegel vertragsgemäß sinken lassen und das Gesicht verlieren, indem wir es zeigen, bis wir am Schuss der gefressene Narr sind. Und glauben Sie mir, ich wäre sogar bereit, bei einem der geselligen Anlässe zu singen, etwa im Rahmen der Weihnachtsfeierlichkeiten, nur sollte an meinem Tisch oder an dem Strand, an dem wir den Christbaum entzünden, die Person und Begleiterin der Reise sitzen, für die ein Lied zu singen und sein wahres Gesicht zu zeigen sich lohnte – womit ich bei einem weiteren, höchst erfreulichen Ereignis dieser Kreuzfahrt bin.

Heiligabend in der Karibik, wer sehnte sich nicht danach? Niemand denkt an weiße Weihnacht oder schaut zum Himmel, ob vielleicht noch Schnee fällt bis zur Bescherung, niemand friert, und der elektrisch brennende Baum am Strand hellt den noch tageswarmen Sand auf, man glaubt, im Schnee zu sitzen. Tausende, die von Bord gegangen sind, feiern vereint an der breitesten Stelle des Strandes, über sich die Sterne, vor sich den Baum, sein Gefunkel, und dahinter das Meer, erhellt vom erleuchteten Schiff. Majestätisch liegt sie da, die Arkadia II, in ihrem vollen Lichterglanz, und erfüllt die Herzen aller, die sie vom Strand aus sehen in dem Bewusst-sein, bald wieder auf ihr zu sein, übergesetzt in sicheren Booten, und in ihr die Heilige Nacht zu verbringen. Das etwa dürfte im Großen und Gan-zen die Gemütslage beschreiben, in der, angestoßen durch eine Weihnachts-CD, erst ihrem Glocken-läuten aus großen Lautsprechern, dann einem all-seits bekannten Vorspiel, schließlich *O du fröhliche!* aus sämtlichen Kehlen in den karibischen Himmel schallt, und das wäre bloß der Auftakt des Weih-nachtsabends, gleichsam der Kirchenbesuch am Strand. Ihm folgte die Bescherung an Bord in Form eines festlichen Zehn-Gänge-Menüs, enthalten im Gesamtpreis der Kreuzfahrt und für den Edutainer so folgenlos für das eigene Konto wie alles auf dem Schiff, bis auf die Tatsache, dass er allein reist: Die könnte ihn am Ende teuer zu stehen kommen, wenn er etwa vor lauter Weihnachtsstimmung gegenüber einer Verehrerin plötzlich doch schwach wird, sich in ihrer oder seiner Kabine gehen lässt – ich muss leider auch diesen Punkt anschneiden, aber erst nach einem Schluck aus dem Glas, wirklich nur einem.

Die Schwäche für alten Whisky wäre also nicht die einzige, die ich mitnähme an Bord, insofern hätte eine ständige Begleitung, das wurde ja schon gesagt, auch den Vorteil meines Schutzes, besonders bei den Höhepunkten der Reise, natürlich dem Weihnachtsfest, mehr aber noch der Silvesternacht mit all ihren Anfechtungen. Und diese unvergesslichen Stunden könnten dann auch noch einiges nach sich ziehen; sie könnten bei denen, die meine Lesungen noch im alten Jahr besucht haben, womöglich den Wunsch wecken – mir fällt das in dem Moment gerade siedend ein –, dass ein Schriftsteller wie ich genau der Richtige wäre, um für diesen absoluten Höhepunkt der Kreuzfahrt am Tage danach, dem ja meist ruhigen Neujahrstag, in seiner Kabine die gültigen Worte zu finden, damit neben all den Fotos aus dieser Nacht gleich auch zwei treffende Zeilen nach Hause geschickt werden können, sicher ein legitimes Anliegen. Man würde somit vom Sprachlieferanten – demjenigen unter den dreien, der als bedeutend gilt: hier zählt das Wort der Reederei – erwarten, dass er für die Stunde mit Feuerwerk, Champagner und Händel auf dem obersten Deck, wo die fünftausend in Festgarderobe sich zuprosten und die Raketen am bestirnten Himmel platzen sehen, mit einem Schimmer auf dem nächtlichen Meer bis hin zu den Flanken von St. Lucia, die Sätze liefert, die das Erlebte noch einmal heraufbeschwören. Und das Ganze ließe sich noch steigern, wenn er die niedergeschriebenen Eindrücke als Auftakt seiner nächsten Veranstaltung vorlesen würde – warum ihn also nicht darum bitten? Ach, seien Sie doch nett, dann hätten wir wieder Silvester, ja? Schön, nehmen wir an, es käme zu der Bitte, die sich laut dem Vertrag kaum zurückweisen ließe, und ich hätte tatsächlich etwas über die rauschende Nacht geschrieben und würde es vorlesen, wenn die Reise schon dem Ende entgegengeht, wieder Richtung Kuba, und die Bedrücktheit einsetzt, mit der Erwartung, dass ich dagegenhalte, Silvester noch einmal so aufleben lasse, wie man es selbst erlebt hat – nur wäre meine Geschichte davon weit entfernt. Sie wäre eben meine Version der Begrüßung des neuen Jahres auf dem Kreuzfahrtriesen und würde schon nach der ersten Seite zum Tumult führen; wollte man den vermeiden, müsste man Kammlander oder die Wolf mit dieser Chronik betrauen. Nur wird man sich an mich wenden, und mir ist es noch nie gelungen, nicht zu schreiben, was ich empfinde: eins der Symptome der Schriftstellerkrankheit.

Da stehe ich also neben einem Pärchen an der Reling – so etwa würde der Anfang lauten –, er in schillerndem Jackett mit Fliege, sie ganz in Weiß, beide etwas überfüttert und recht jung für eine Kreuzfahrt, keine dreißig, aber mit feuchten Augen, als könnte es schon ihr letztes Feuerwerk sein, und der Mann sagt zu mir, wohl aus dem Überschwang des Moments heraus: Ist das Leben nicht schön? Das ist unsere Hochzeitsreise, und danach geht es erst richtig los, mit Kindern, Hund und Hausbau und was da sonst noch kommt, der Chip im Kopf, das Auto ohne Fahrer, die Verbesserung der Gene – aber jetzt erst mal alles Gute für Sie und Ihre Schreiberei im neuen Jahr, Prost! Und ich sage, noch vor dem Anstoßen: Junger Mann, Ihr Wort in Gottes Ohr, aber in Wirklichkeit läuft es folgendermaßen: Nach dieser Kreuzfahrt, Ihrer Hochzeitsreise, werden Sie beide, ohne schwarze Fliege und weißes Kleid, ohne Karibik und sanfte Dünung, die bis ins gemeinsame Bett reicht, jeden Morgen mit dem Wecker aufstehen, um rechtzeitig bei der Arbeit zu erscheinen, Sie, mein Lieber, als Verkäufer in einem Motorradladen, wenn ich das vermuten darf, und Ihre Frau, die hier beim Nachmittagskuchen im sogenannten Wiener Kaffeehaus offenbar tüchtig zugreift, noch etwas tüchtiger als Sie, als Halbtagskraft in einem Büro, sagen wir: dem einer Spedition, die sie morgens mit dem Bus und der Straßenbahn erreicht. Und kommen dann die lieben Kleinen, verlagert sich die Kreuzfahrt auf ein Schlauchboot im nächsten Kiesgrubensee, und was die Verbesserung der Gene betrifft, so sollten Sie noch mit Diabetes zu Ihren Lebzeiten rechnen, wenn es nicht ein kleiner Krebs wird, dem man dann nach wie vor mit Strahlen zu Leibe rückt, die einen am Ende nicht retten, nur alles Strahlende nehmen, selbst eine Kreuzfahrt verderben, so man noch das Geld dafür hat, aber nun genießen Sie beide erst mal diese Nacht! So weit die kleine Rede an das Pärchen, das neben mir an der Reling steht, bereit, mit mir auf das neue Jahr anzustoßen, während noch immer Raketen in den Himmel fliegen zu Händels Feuerwerksmusik aus allen Boxen an Deck, was mich, ganz gegen meine Art, zu lautem Reden veranlasst und schließlich, gleichsam als Trinkspruch – das Pärchen stößt tatsächlich, wie benommen von meinen Worten, mit mir an –, dem Ganzen noch einen Rilke'schen Herzensblitz hinterherschicken lässt, aus der ersten der *Duineser Elegien*: Denn das Schöne ist nichts als des Schrecklichen Anfang. Und kaum hätte ich den Höhepunkt der Kreuzfahrt mit genau dieser Geschichte von mir und dem freilich erfundenen und dennoch sicher jedem bekannten Paar an der Reling wiedergegeben, würde eben spätestens der Tumult im Publikum ausbrechen, liebe Frau Eschenbach – Pfiffe wären noch das Geringste. Manche würden wütend den Salon verlassen, andere hielten sich kaum zurück mit Beschimpfungen: Was mir einfiele, diese Nacht der Nächte so herunterzuziehen;

statt die Größe der Stunde, den erhabenen Moment festzuhalten, würde ich nur in irgendeine Zukunft sehen, die allein meine wäre, so trostlos dunkel wie offenbar die Gegenwart für mich – was ich auf dem Schiff dann überhaupt verloren hätte, nichts! Besser, du springst über Bord, noch heute Nacht, riefe jemand aus dem Hintergrund – und diesen Rilke, den nimmst du gleich mit!

Aber wir waren bei der Begleitperson, die mich beschützen könnte, wann immer es so ausgelassen zugeht auf dieser Reise, dass jemand mit zu viel dunklen Gedanken verloren wäre, sich etwa in der Silvesternacht an ein glückliches Pärchen hängt, um sein Düsteres abzuwälzen. Und an Kandidatinnen für eine Begleitung an Bord herrscht kein Mangel, was allerdings kaum auf mich als Mann zurückgeht, damit Sie mich nicht falsch verstehen, es geht auf den Romancier zurück. Freilich gibt es aufgrund meiner Bücher Verehrerinnen, darunter sogar eine glühende aus dem Salzburger Umfeld, mit Adelsnamen und ohne Bindung; sie gehört eher der zweiten Garnitur der Salzburger Schönheiten an, ist dafür aber klüger als die meisten, denen ein Dirndl steht, eine echte Leserin, die ihren Leib- und Magenautor ohne zu zögern auf dieser Kreuzfahrt begleiten würde, nur wäre völlig offen, wohin das nach der Reise führte, also ebenfalls ein Risiko. Nein, die Person an meiner Seite soll mich aus Übermut begleiten, nicht aus Verehrung, aus einem Leichtsinn, der auch meinen Leichtsinn hervorruft, mich etwa am Tisch der Schlagerleute Platz nehmen lässt und sie zu vorgerückter Stunde, den Kopf zu meiner Begleitung geneigt, mit einem jener Lieder überrascht, bei dem Klang und Wort eine Einheit bilden und sich das Singen fast von selbst ergibt, allen voran die schöne alte Nummer aus Neapel, allerdings in englischer Fassung mit ihrer wunderbaren eingestreuten Zeile: In the meantime let me tell you that I love you, Sie werden das sicher schon einmal gehört haben, es fehlt bei keinem Alleinunterhalter in italienischen Urlaubsorten. Aber die mir liebste Version stammt von Dean Martin, im Übrigen auch ein Freund guten Whiskys, und der erwähnte Leichtsinn könnte mich dazu bringen, ihn sogar nachzuahmen; das alles, wie gesagt, nur mit einer Begleitung, für die es sich lohnte, die Maske des ewigen Geistesmenschen fallen zu lassen und im Gesicht des anderen den Spiegel zu sehen, der einem das Eigene, Unverstellte vor Augen führt – ich darf in dem Zusammenhang eine kleine Geschichte erzählen, eine Art Fabel, weil auch ein Tier darin vorkommt, nur würde ich mir vorher gern noch ein Glas genehmigen, diesmal einen Auchentoshan, gelagert in gebrauchten Sherry- oder früheren Bourbonfässern, einer der beliebtesten Single Malts, was kein Grund ist, einen Bogen um ihn zu machen, und unterstreicht, dass ich nichts gegen Beliebtheit habe. Auch einem Schriftsteller tut die Publikumsliebe gut, und genau das führt zu der Geschichte, aber erst nach dem Einschenken und Probieren; und sehen Sie mir bitte von nun an etwaige Tippfehler nach, denn ich werde dieses Schreiben unkorrigiert absenden: der sicherste Weg, um nicht nach einer Durchsicht das Ganze am Ende womöglich zu löschen.

Meine tierische Begleiterin hat, als sie noch jung war und mit den weichbefellten Ohren sogar den Herzschlag ihres Ernährers hörte und den Kopf hob, kaum dass eine Verehrerin in seine Nähe kam, bei jeder Gelegenheit den Eindruck verbreitet, ich sei so liebenswert wie sie oder könnte gar nichts anderes als liebenswert sein aufgrund ihrer Art, mich anzuschauen und dabei die Braue über einem Auge kurz hochzuziehen, ein Blick, von dem ich besonders profitiert habe, auch einmal nach einer Lesung in der Eifel, wo es keine erkennbaren Ortschaften gibt, nur Gemeindehallen auf freiem Feld. Und an dem nasskalten Abend kam eine für die Gegend geradezu mondäne Zuhörerin, feuerhaarig, hochgewachsen, dazu in einem pelzgefütterten Ledermantel, weil die Halle nur schwach beheizt war, auf mich und meine Kleine zu, als ich schon verschwinden wollte, um einem Essen mit dem Bürgermeister in der Cafeteria der Halle zu entgehen. Sie hier in der Eifel, waren ihre ersten Worte, wer hätte das zu hoffen gewagt, sind Sie wenigstens anständig untergebracht? Und ich überlegte mir noch die geeignete Antwort, geeignet, um eventuell in ein vorbereitetes Zuhause gebeten zu werden, aber auch mein Einzelzimmer im Hotel, ebenfalls auf freiem Feld, nicht ganz auszuschließen, da zog diese Venus im Pelz schon eine nahezu schwarze Wurst aus ihrem Mantel, eine lokale Spezialität, dachte ich, bückte sich zu meiner Kleinen, biss mit den eigenen Zähnen ein Stück der Wurst ab und hielt es ihr hin, mit einem Erfolg, der mich als Hundehalter nur beschämen konnte. Sie verfütterte nach und nach, ohne ein lockendes Wort, die ganze Wurst, die aus dem benachbarten Belgien kam, wie ich später erfuhr, vor mir auf dem Boden kniend, mit ihrem Haar wie ein glimmendes Feuer. Wir waren fast die Letzten in der weitläufigen Halle, neben dem Ausgang oder Eingang packte noch ein älterer Buchhändler aus der nächstgelegenen Stadt meine unverkauften Romane ein, und es war dieses Knien bei gebeugtem Oberkörper, die Art, wie ihr langes Haar über die Schultern in dem Ledermantel fiel und wie die Hände aus dem Haar hervorkamen, als kämen sie aus züngelnden Flammen, in der einen die immer kleiner werdende schwarze Wurst, in der anderen das abgebissene, hingehaltene Stück, dieses ganze Drama der Details, das mich etwas sagen ließ, mit dem die Schriftsteller- oder Geistesmaske schlagartig und vollständig von mir abfiel. Ich will Sie, sagte ich, und sie kam auf die Beine, sehr weichgerundete, frauliche Beine, verlor ein paar Worte über die Wurst – extra mitgebracht, weil die örtliche Zeitung meinen Hund erwähnt hatte – und hielt mir das Endstück hin. Und ich habe es mir in den Mund schieben lassen, eigentlich ja auch beschämend, nur war ich gedanklich ganz bei der Wurst und habe das Stück langsam gekaut; es schmeckte nach Kümmel und Blut und war die Eintrittskarte für eine Nacht zu dritt in der Eifel, denn meine Kleine lag bis zum Morgen zwischen uns. Sie hatte mich und die Mondäne zusammengeführt und zugleich vor allem bewahrt, was weit weniger verdaulich gewesen wäre als belgische Blutwurst und nur für den Moment gutgetan hätte. So weit diese kleine Fabel, die sagen soll, dass es ein Tier braucht, wenn man sich allzu menschlich zeigt, ein Schutzengelwesen, und deshalb sollte man mit mir als Sprachlieferanten an Bord der Arkadia II nur rechnen, wenn mich dieses Wesen dort auf Schritt und Tritt begleiten könnte und die Person, für die es sich lohnte, etwas zu sagen, bei dem sich ein Schriftsteller die Zunge verbrennt, nicht allzu eifersüchtig wäre.

Das ist der Sachverhalt, den Ihre Reederei und gegebenenfalls auch die Muttergesellschaft, Diamond Cruises, zur Kenntnis nehmen muss: die Liebe zu einem Wesen, das diese Liebe auf seine Weise zurückgibt, und der Wunsch, mir die Zunge zu verbrennen, weil jemand auf dem Schiff ist, der mehr von mir will als nur schöne Worte. Spinoza schreibt in seiner Ethik, im Lehrsatz dreiunddreißig: Wenn wir ein uns ähnliches Ding lieben, so sind wir bestrebt, so viel wir können, zu bewirken, dass es uns wiederliebe – nun ja; und wenn es so wäre, dass all die Vollzahler, die sich für die Kosten der Reise krummgelegt haben, allein das aufgeblasene Schiff liebten, das ihnen ähnliche Ding, wie sie glauben, ihre gewaltige schwimmende Festung, die sie umgibt, und sich auch durch die Kreuzfahrt und das so reichliche Essen und Trinken wiedergeliebt fühlten, würde ich doch weder das eine tun noch das andere empfinden. Eher liebe ich einen wahren Satz als ein Schiff, kann mir aber gut vorstellen, tief in der feuchtwarmen Nacht, wenn außer mir alle fünftausend, Sie eingeschlossen, schlafen, beim Anblick eines großen schwerelosen Mondes über dem Meer mit bangem Herzen auf dem hintersten Deck zu stehen. Aber noch weitaus besser kann ich mir vorstellen, später davon zu erzählen, denn für den Schriftsteller sind es die Worte, die bewirken, dass man ihn wiederliebt: die leisen für das Laute, die einfachen für das Komplizierte, die ergreifenden für das Abstoßende – hören Sie mir noch zu? Ich meine, lesen Sie noch, was Sie da alles unter Betreff: Einladung zu einer Kreuzfahrt erreicht hat? Natürlich hätte ich mich auch kürzerfassen können, das Für und Wider hätte auch auf eine Seite gepasst, nur wäre es nicht meine Seite gewesen, sondern die eines Referenten, wie sie unseren Politikern zuarbeiten, all den Leuten, die schon lange nicht mehr den Rat eines Schriftstellers einholen, sich aber gern mit einem Roman in der Hand zeigen. Wahrheitserfinder sind nicht mehr gefragt, sie sind bloß noch gefragte Personen, die man zu Kreuzfahrten einlädt, damit ihr Ansehen noch mehr zahlende Gäste ins Boot holt, oder warum fordert man mich im Anhang auf, mir erwiesene Ehrungen und zuerkannte Preise ausnahmslos anzuführen? Da muss ich Ihnen nur leider sagen, dass Ehrungen und Preise meist etwas in den Himmel heben, das dem Autor nur unterlaufen ist, womit auch eine Schwäche zum Verdienst werden kann; das wäre den Angaben hinzuzufügen, aber dafür fehlt in dieser Rubrik jeder Platz. Und dabei sind es oft gerade Schwächen, die am Ende zum guten Buch führen, und Ehre gebührt eher dem Mangel als dem vollendeten Ganzen, was eine Jury nur gern mit mangelhaften oder düster mollartigen Lebensumständen des Preisträgers verwechselt, auch wenn die Juroren nach dem üblichen Gruppenfoto im Freien, jeder selbst in einer Mollgarderobe wie dem Anorak oder der Regenhaut, durchaus und auf Kosten der Stadt, die den Preis auslobt, zu dem besten Rotwein greifen. Die literarische Welt ist voller Widersprüche. Und ihre Bewohner, mich eingeschlossen, liebe Susanne Eschenbach, trennt eine tiefe Kluft von der gewöhnlichen Welt, ein Graben, wie ihn auch kein Schriftstellerwitz überbrückt – den ich mir, nebenbei gesagt, gar nicht aus der Nase ziehen musste. Er fiel mir einfach ein oder schrieb sich von selbst; kaum stand das Wort Schriftsteller da, gab es auch schon das Brett vor seinem Kopf, das wiederum den Arztbesuch nahelegte, ich meine, das Brett der Sprache, die ihm alles bedeutet, wie dem Komponisten die Töne. Und natürlich will auch ein Schriftsteller liebgehabt werden, deshalb schreibt er ja, und was in dem Zusammenhang das Holz vor der Hütte betrifft, so spielt hier nicht etwa eine Vorliebe von mir hinein (mich erschrecken große Brüste eher, wie ja auch übergroße Schiffe), sondern wieder nur die Sprache, in der ein Wort das andere gibt, in dem Fall das Brett das Holz samt der Präposition. Größere Geheimnisse als dieses hätte ich kaum preiszugeben, wenn man mich nach meiner Arbeit fragte, und dennoch stünde ich weiter auf der anderen Seite des Grabens, und all die Fotos, die Ihre zahlenden Gäste von sich und mir machten, würden ihn noch vertiefen, während sie glauben, ich sei ihnen so nah wie das Gerät an der Stange in ihrer Hand. Mir aber bliebe nur, diese Leute in ihrer ganzen Verblendung zu mögen, und ich weiß nicht, ob das reichen würde, ob schlichte Nächstenliebe die Kluft überbrücken könnte, oder ob mir nicht eine Person zur Seite stehen müsste, die das gleiche seltene Brett vor dem Kopf hat, ihre Abende mit Büchern und damit auch den Verfassern verbringt, um genau den einen zu finden, der ihr für Lesungen auf einer Kreuzfahrt durch die Karibik geeignet erscheint. Und hat sie ihn schließlich gefunden, ihre Wahl getroffen, schreibt sie ihn an und lädt ihn persönlich zu der Reise ein – und darf sich nicht wundern, wenn er noch am selben Tag, das Brett breit und fest vorm Kopf, ausführlich antwortet und zuletzt nicht umhinkommt, sich vorzustellen, dass sie ihn auf dieser Reise begleitet. Schreiben bedeutet, allein zu sein, aber auch das Alleinsein zu sprengen, sich an jemanden zu wenden – trotz aller elektronischen Post gibt es immer noch Leserbriefe, und kürzlich erreichte mich ein Brief der Eifelvenus, viele Seiten lang. Sie malte mir und sich darin aus, wie wir eine Reise durch die Innere Mongolei machten, eine noch ödere Gegend als die Eifel, mit vereinzelten Klöstern statt Gemeindehallen inmitten der hügeligen grünen Weite; sie ging sogar auf Einzelheiten ein, wie auch für das Hündchen gesorgt wäre und wie wir uns, nachts in einem Zelt, sobald meine Kleine schlafe, näherkämen. Immer näher und näher, schrieb sie, bis keine Blutwurst mehr zwischen uns passen würde, und ich schrieb nur zurück, dass die Reise mit ihr ganz wunderbar gewesen sei: Nie hätte ich die Mongolei intensiver erlebt.

Nein, ich komme nicht umhin, mir vorzustellen, wie unsere Kreuzfahrt beginnt, wie Sie beim Ablegen in Havanna – den Unterlagen zufolge am späten Abend –, wenn das große Schiff aus dem Hafen gleitet und sich die Passagiere auf jedem Deck an der Reling drängen, den von Ihnen angeheuerten Schriftsteller an den einzigen versteckten Platz auf der Arkadia II führen, von dem aus er und sie, wir beide, von niemandem gestört die helle Kuppel von Havannas Kathedrale im Nachthimmel schwimmen sehen – ein Traumbild, gewiss, nur existiert diese helle Kuppel, wie es auch die finstere Nacht bei der dort so spärlichen Straßenbeleuchtung gibt, ebenso das Verschwimmende in feuchtwarmer Luft; und was, bitte, ist der Traum denn sonst als ein Erinnern, das sich unseres Geistes bemächtigt, während wir im wachen Zustand den Geist auf die Erinnerung zurückgreifen lassen. Nur muss man gar nicht schlafen, um zu träumen, und mir träumt – es mag am Whisky liegen –, ich würde schon auf dem Schiff nachts an der Reling stehen, neben der, die mich eingeladen hat zu der Reise. Wir beide fühlen uns wie die Einzigen an Bord, während das Schiff langsam ausläuft und über dem Schimmer der Stadt die Sterne erscheinen, erst schüchtern, dann wie hingenagelt, und im Inneren des Schiffes gleich am ersten Abend ein Witzemacher die Menge verblüfft, sich immer wieder der Überrumplung bedient und für ein Gelächter sorgt, das uns zum Glück kaum erreicht. Auch er ist Gastkünstler, ein noch junger Mann, der an Land ganze Stadien füllt, ich könnte sein Vater sein, vermutlich bin ich überhaupt unter den Lieferanten der Älteste, in jedem Fall der Einzige, der sein Haar nicht färbt. Mein Alter, um noch diesen letzten heiklen Punkt anzusprechen, wird ja stets mit dem Jahrgang angegeben, und aus dieser Zahl geht hervor, dass unsere Kreuzfahrt, nach Silvester, in das Jahr eines runden Geburtstages fällt; was aber nicht daraus hervorgeht, ist, dass dieser Tag auf Höhe der Jungferninseln sein wird, bei Saint John's, sofern Ihr Kapitän den Zeitplan einhält, woran ich keinen Zweifel habe. Und eigentlich wäre das ein Grund, die Reise gar nicht erst anzutreten, um sich in heimischer Umgebung feiern zu lassen, für mich aber könnte es der Grund sein, überhaupt an Bord zu gehen – falls ich dort auf Sie zählen kann, auch an dem Tag, der mir die Kürze des Lebens vor Augen führt, in seiner ersten Stunde, wenn ich am Heck des Schiffes stehe, wo die Schaumspur ein Bild des Schwindens ist, und Sie neben mich treten, wortlos, und dieses Schwinden noch einmal aufhalten. Mit anderen

Worten: Die Entscheidung liegt ganz in Ihrer Hand. Je eher Sie mich wissen lassen, dass Sie an Bord sein werden, an meiner Seite, je eher die Schiffsglocke ohne Betrug läutet, desto schneller hätten Sie das Jawort. Denkbar wären dann auch zugedrückte Augen, etwa in der erwünschten Abendgarderobe am Captain's Dinner teilzunehmen, auf dem festlichen Ehrentisch, wenn ich die Bilder im Netz richtig deute, Imitate silberner Kandelaber mit roten Kerzen, dazu Luftschlangen für die kindischen Gemüter, und mit am Tisch, der denkbar schlimmste Fall, die zwei anderen Sprachlieferanten. Die Wolf würde mir zuprosten unter Ausruf meines Namens, an dem sie sich schon für ihren beliebten Provinzkommissar bedient hat, und Kammlander würde sich über den Anfang meines letzten Romans verbreiten, den ich als Zugabe gebracht hätte, falls von den Verirrten im Lesungssalon anhaltendes Getrampel gekommen wäre – hier nur zur Erinnerung der Anfang dieses Anfangs: Als der Schriftsteller O. in einem Alter, in dem man schon auf sein Leben zurückblickt, erstmals den eigenen Namen auf Seite eins der bedeutendsten Zeitung des Landes in Verbindung mit einer ihm erwiesenen Ehrung sah, wurde sein Körper leichter und leichter, bis die ihn umgebende Luft mehr wog als das, was noch in ihm steckte, und er den Boden unter den Füßen verlor, langsam in den Himmel stieg und zwischen kleinen

Wolken wie ein losgelassener Ballon verschwand. Alles, was ihm an dem Tag gefehlt habe, hieß es später, sei jemand gewesen, der ihm die Hand hält – man hat nie wieder von O. gehört, Punkt. Kein wirklich schwieriger Anfang also, nichts Verwirrendes, Unklares; ich bin nicht der, der sein Gewässer trübt, damit es tiefer scheint, um noch einmal Nietzsche zu bemühen. Und weil wir schon bei einem der Unerbittlichsten sind: Hätte er, der Philosoph im Käfig des Wahns, oder Kafka, der von der Hungerkunst erzählt, sich Nahrung vorzustellen, statt sie zu verschlingen, oder ein Rilke, ein Camus, eine Duras Ihre Einladung zu der Kreuzfahrt angenommen? Diese Frage verfolgt mich, weil mein Verleger sie stellen könnte, ein Mann mit Auge fürs Geschäft, aber eben nur einem, weil das andere nach innen sieht, auf ein Herz, wie es auch in Kafka geschlagen hat, wobei der, ich wiederhole es, wohl zugesagt hätte wegen des Bordkinos, um dort zu weinen; desgleichen die Duras, unter der Bedingung freier Getränke an jeder Bar, nur mit dem Hinweis, den auch Kafka und ein Camus gemacht hätten: Dass unser Leben schon an sich eine sinnlose Reise sei, wozu dann noch ein Schiff besteigen, das im Kreis fährt? Liest man aber die Briefe, die Tagebücher, das Kleingedruckte dieser Großen, begreift man, wo ihre wahre Sehnsucht lag und was sie gestillt hätte, ja, wie leicht es ihnen gefallen wäre, unter dem Schirm einer Liebe eben auch beide Augen zuzudrücken, ob am Tisch der Schlagerbande, beim lauten *Ti amo*, oder mit zehn Tätowierten im Whirlpool. Und so dürfte es auch mir nicht weiter schwerfallen, zur bevorzugten Prime Time im kleinsten der Salons vor einer Handvoll Leuten zu lesen, wenn Sie, Verehrteste, dort die einzige nicht verirrte Zuhörerin wären – das ist mein abschließendes Wort, oder fast, weil jedes Schreiben auch einen förmlichen Schluss braucht, nur in dem Fall nicht die üblichen Freundlichen Grüße. Es fehlt also noch die Endformel wie beim Roman der letzte Satz; man kann ihn nicht suchen, man kann ihn nur finden, dafür offen sein, abwartend, wach, doch ohne zu lauern. In einer Schwebe, gerade noch mit den Füßen am Boden, bummelt man von Idee zu Idee, bis es funkt, wie man sagt. Und so bummle ich hier noch etwas am Schreibtisch, wenn Sie erlauben, ein Bummel auch von Herzschlag zu Herzschlag, liebe Susanne, *and in the meantime let me tell you that I love you!* Das musste jetzt noch heraus, und damit gute Nacht, Ihr höchstpersönlicher Edutainer.

ISBN 978-3-627-00241-1